70歳からの美味しい、頼れる作りおき

管理栄養士・料理研究家
牧野直子

成美堂出版

はじめに

「作りおき」しておけば後がラクではありますが、1週間分まとめて大量に何品も作るのは大変、作ることで半日終わってしまう、結局食べきれず余ってしまう、などの声も耳にします。

本書では、おなじみの材料を使って、2人なら2食くらいで食べきれる量を意識したレシピを紹介します。

さらに、日々の料理が億劫にならないよう、随所にコツを織り込みました。例えば「ゆでるだけ」「切るだけ」「冷凍するだけ」「下味をつけるだけ」など、下ごしらえまで済ませた「作りおき」。食べるときに、煮るだけ、焼くだけ、和えるだけで、さっと1品食卓に乗ります。味付けも変えていくことで、さまざまな料理にアレンジ可能です。

また、包丁いらず、洗い物を減らす提案もしています。フライパンや炊飯器だけでできるというように、使う調理道具を限定して、「作りおき」するなら、今日は30分だけ、1時間だけと時間を決めて、その中でできることをするのでよいと思います。あれもこれもと頑張ってしまうと、ストレスになりかねません。時間にも心にも余裕があるときは、時間がかかっても美味しい、食べたい料理を「作りおき」するのもよいですね。

本書が皆さまにとって、料理を、そして食べることを存分に楽しみ、より健やかに過ごすための一助となれば幸いです。

管理栄養士・料理研究家
牧野直子

もくじ

2 はじめに
6 日々の料理がラクに豊かになる作りおき

漬けおき

きほんの漬けおき
10 豚こま切れ肉と玉ねぎのマヨしょうゆ漬け
アレンジレシピ
11 焼き肉巻き
12 スープカレー
13 焼きそば／韓国風ピカタ
きほんの漬けおき
14 鶏肉とねぎの梅みそ漬け
アレンジレシピ
15 鶏肉とねぎの梅みそ味の焼きうどん
16 鶏肉とねぎの梅みそ豆腐チャンプルー
17 鶏肉とねぎと長芋の梅みそ煮
17 鶏肉とねぎの梅みそ蒸しみぞれ和え
きほんの漬けおき
18 牛肉とごぼうの塩麹漬け
アレンジレシピ
19 牛肉とごぼうの卵とじ
20 牛肉とごぼうのトマト煮
21 牛肉とごぼうのレンチン蒸し
21 牛肉とごぼうの炊き込みごはん
きほんの漬けおき
22 鮭のオイル漬け
アレンジレシピ
23 鮭のレモンクリームパスタ
24 鮭のポトフ
25 鮭のホイル焼き
25 鮭のカレームニエル
きほんの漬けおき
26 さばのゆずこしょう漬け
アレンジレシピ
27 さばのゆずこしょうから揚げ
28 さばの混ぜ寿司
29 さばのみそ煮
29 さばの利休焼き
きほんの漬けおき
30 まぐろの漬け
アレンジレシピ
31 ポキ丼
32 まぐろのガーリックステーキ
33 まぐろの漬けと納豆のぶっかけうどん
33 まぐろの漬けのしそ巻き揚げ

ワンパン作りおき

鶏もも肉・鶏むね肉大パックを使って
34 鶏肉と白菜、春雨のうま煮
36 チキントマトライス
ひき肉大パックを使って
38 ワンパンシューマイ
40 ワンパンミートローフ
豚こま切れ肉大パックを使って
42 フライパン豚汁
43 豚こま切れ肉と季節野菜の揚げ浸し
魚のあらパックを使って
44 あら大根
45 魚のあらでパエリア

炊飯器で炊きおき

きほんの炊きおき
46 鶏むね肉
アレンジレシピ
47 和風カオマンガイ
48 鶏のヨーグルトみそだれ
49 鶏と水菜のオイマヨサラダ
49 しっとりチキンのサンドイッチ
きほんの炊きおき
50 豚かたまり肉
アレンジレシピ
51 雲片肉
52 酢豚
53 サムギョプサル
53 チャーハン
きほんの炊きおき
54 にんじん
アレンジレシピ
54 にんじんポタージュ
55 鶏肉とにんじんの甘辛煮
56 コンソメグラッセ
57 にんじんジャム
きほんの炊きおき
58 かぼちゃ
アレンジレシピ
58 かぼちゃのデリ風サラダ
59 かぼちゃと鮭のオイマヨ焼き
60 かぼちゃと鶏肉のエスニックカレー
61 かぼちゃのごま酢和え
きほんの炊きおき
62 じゃがいも
アレンジレシピ
62 ポテトサラダ
63 じゃがいもの肉巻き焼き
64 マッシュポテト
65 スパニッシュオムレツ
きほんの炊きおき
66 大根と茶飯
アレンジレシピ
66 ふろふき大根
67 おでん
68 大根のあんかけ
69 茶飯の梅茶漬け

炊飯器で超時短！献立クッキング

70 根菜ごはんとさばの梅みそ煮、なすのお浸し献立
72 さつまいもごはんと鶏ひじきつくね、にんじんしりしり献立

74 カリフラワーごはんと
キーマカレー、ゆで卵献立
76 コーンごはんと
豚こま切れ肉のトマト煮、
れんこんのホットサラダ献立

お値打ち野菜の作りおき

きほんのレシピ
78 冷凍きのこミックス
アレンジレシピ
79 きのこそば
80 きのこのミルクスープ
81 きのことツナの
辛子マヨネーズ和え
81 きのこの粉チーズ炒め
きほんのレシピ
82 冷凍きざみトマト
アレンジレシピ
83 冷製トマトパスタ
84 トマト入りスクランブルエッグ
85 トマトとさつま揚げのみそ汁
85 焼き油揚げのトマトじょうゆ和え
きほんのレシピ
86 レンチン・ピーマン
アレンジレシピ
87 ナムル
88 蒸しささみ和え
89 梅おかか和え
89 アチャール風

きほんのレシピ
90 なすのレンジ蒸し
アレンジレシピ
91 なすとウィンナの
ナポリタン焼きそば
92 マリネ
93 ザーサイソースかけ
93 ねぎ塩和え
きほんのレシピ
94 冷凍かぶ
アレンジレシピ
95 かぶのマリネ
96 かぶのミキサーいらずの
ポタージュ
97 かぶのしらす煮
97 かぶの塩昆布和え
きほんのレシピ
98 ゆでおき葉もの
アレンジレシピ
99 牛肉と青菜の炒め物
100 菜飯
101 煮浸し
101 すりごま塩和え
きほんのレシピ
102 塩もみセロリ
アレンジレシピ
103 ピザトースト
104 きんぴら
105 セロリとわかめの酢の物
105 スープ

常備おかず

106 鮭フレーク
107 青菜とちりめんじゃこの佃煮
108 自家製なめたけ
108 いんげん鶏そぼろ
110 牛肉のしぐれ煮
110 あさりの佃煮

おつまみ、軽食&おやつの作りおき

114 蒸し大豆のこしょう炒め
114 塩レバー
115 かにかま棒餃子
115 うずら卵の味玉
116 ごはんのお焼き
116 みそ玉
117 クロックムッシュ
118 小倉アイス
119 さつまいもトリュフ
119 冷凍バナナのスムージー

万能調味料の作りおき

120 すし酢
121 フレンチドレッシング
121 にんにくオイル
121 ぽん酢しょうゆ
122 オーロラソース
122 トマトソース
122 ケチャップソース
123 甘酢しょうが
123 焼き肉だれ
123 香味だれ
124 オイマヨソース
124 田楽みそ
124 ヨーグルトみそ
125 食材別さくいん

レシピのきまり

・エネルギー、塩分、栄養の数値は「日本食品標準成分表（八訂）増補2023年」を使用して算出しています。エネルギー、塩分は、ことわりのない場合、1人あたりの数値を表示しています。
・大さじ1は15㎖、小さじ1は5㎖、1カップは200㎖です。
・砂糖は上白糖、塩は精製塩、しょうゆは濃口しょうゆです。みそは好みのみそを使用してください。商品によっては塩分量が異なるので、量は加減してください。
・小麦粉は薄力粉です。
・バターは有塩を使用しています。
・「だし」は、昆布と削り節でとった和風だしです。好みのだしを使用してください。このほか、顆粒コンソメ、鶏ガラスープの素、など表記してあります。市販品の使い方は、商品のパッケージの説明に従ってください。
・梅干しは塩分が11〜12%のものを使用しています。
・電子レンジの加熱時間は600Wを基準にしています。500Wの場合は、加熱時間を1.2倍してください。

日々の料理がラクに豊かになる作りおき

「作りおき」というと、1週間分まとめて大量に作り、冷蔵・冷凍保存するものといったイメージを持つかもしれませんが、この本では、日々の食事の用意の片手間でできる、2人なら2食分くらいの作りおきレシピを紹介します。手間は最小限にも関わらず、日々の食卓がぐっと豊かになるアイデアが満載です。まずは本書を使った料理のポイントを見ていきましょう。

point 1

まとめ買い&作りおきは経済的

旬の食材、徳用サイズ、少し多いかな？　使い切れるかな？　でもお得……。そう思ったときこそ「作りおき」の出番。ちょっといい食材がお値打ち価格で店頭に並んでいたら、迷わず入手しておきましょう。その日の食事の支度のついでに、無理のない作りおきをしておけば、食べきれずに無駄にしてしまうのでは、といった心配もなくなります。

例えばきのこ類は、ほぐしてお好みミックスきのこにしておく、セロリ1把は塩もみしておくなどで、使い勝手がよくなり活用できるレシピの幅が一段と広がります。

肉や魚は調味料に漬けておくのが手軽で、味つけもまとまりやすくておすすめ（→P7）。2～3食分は400～500gが目安です。

鯛など鮮魚のあらは、お値打ちな上に使い道も豊富。美味しいだし汁を活用したレシピも掲載しています。

point 2

食材はまとめて調味料に漬けおき

その日調理して食べる分だけでなく、2人なら2食分まとめて調味料に漬けておきます。具材を1種足してもOK。

当日

炒める

2食分の量なので、全量炒めておいて、2〜3日中に食べきるようにしても。

例：牛肉とごぼうの塩麹漬け→ P18

翌日以降

調味料に漬けたものは、翌日からはアレンジ料理も楽しめます。下味つきなので時短調理につながり、味つけも奥行きのあるものに。

卵とじ

トマト煮

炊き込み

保存のコツ

調味料に漬けるなど、汁気が多いものは、口がしっかり閉じるタイプの保存袋を使い、できるだけ平らにならします。保存容器は、主菜なら約700mℓ、副菜なら300〜480mℓ、万能調味料（← P120）は130mℓがおすすめです。中身と詰めた日付を付けて。

約17cm

約19cm

保存袋Mサイズ

保存容器

容量300mℓ

容量480mℓ

point 3 米を炊くついでに他の食材も炊きおき

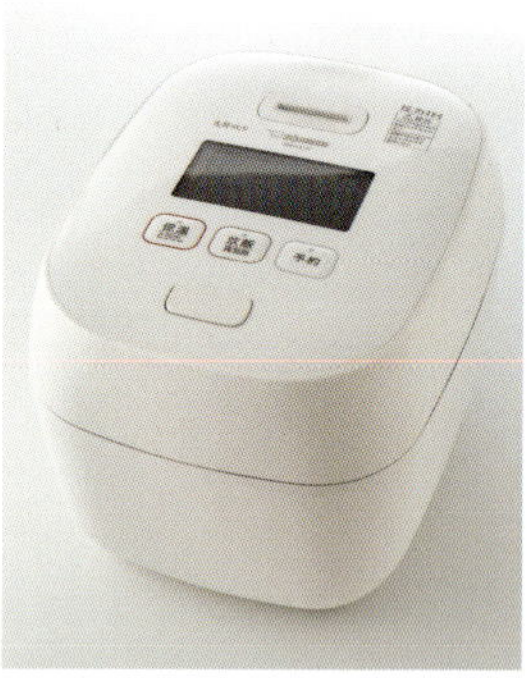

肉も野菜も、炊飯器の熱を利用して、米と一緒に炊いておけば、手間なく下ごしらえ完了。しっとりとやわらかく仕上がり、下ゆでより水っぽくならないところもおすすめです。この状態で保存して、さまざまな料理に時短で活用できます。

包丁でつぶせるやわらかさに

皮も簡単にむける

肉はしっとり仕上がる

point 4 バリエーションが広がるたれ・ソースを常備

ただ炊いただけ、焼いただけの食材も、合わせるたれ・ソース次第で、おかずのバリエーションが広がります。特別なものを用意する必要はなく、おなじみの調味料を組み合わせて作りおきも。

例：ぽん酢しょうゆベースのたれ→P47

例：ヨーグルトみそだれ→P48

point 5
時短調理にはフライパンも大活用

焼く、炒める、煮る、炊く、揚げるができるフライパンは、とても重宝する調理器具。汁ものもフライパンひとつで調理できます。使いやすいサイズは直径20～24cmのもの。ふたつきが便利です。

煮る

炊く

揚げる

焼く

point 6
フライパンで一度に作り、切り分けて保存しても

シューマイやハンバーグなど、ひとつずつ包んだり丸めたりすると手間がかかるものでも、フライパンで一気に焼いて、切り分けるほうがラク。その日食べる分以外は、1食分ずつ包んで保存しましょう。

例：ワンパンシューマイ
→P38

例：ワンパンミートローフ（棒状ハンバーグ）→P41

漬けおき

やわらかく、うまみも増す

豚肉、鶏肉、鮭やさばなどのおなじみ食材を、少し多めに調味料に漬けおきます。残った分は異なる料理にチェンジして楽しめます。

きほんの漬けおき

豚こま切れ肉と玉ねぎのマヨしょうゆ漬け

肉にマヨネーズをからめることで、しっとりやわらかく焼き上がります。

材料（2人分×2食分）

豚こま切れ肉――300g
玉ねぎ――大1個（約250g）▼縦に薄切り
A
しょうゆ――大さじ2
マヨネーズ――大さじ1
おろしにんにくチューブ――3cm

作り方

Aを混ぜ、豚肉、玉ねぎを加えて、なじむようにもみこむ。

めしあがり方

フライパンに油大さじ1を入れて中火で熱し、漬けおきの半量を加えて炒める。器に盛り、青のりを少々ふる。

1人分	
288kcal	
たんぱく質	14.0g
カルシウム	17mg
塩分	1.5g

保存方法

食品保存袋に入れて、冷蔵で3日。冷凍で2週間。

アレンジレシピ

焼き肉巻き

材料（2人分）

- P10きほんの漬けおき（生）—— 2人分
- エゴマまたはサラダ菜 —— 8枚
- キムチ —— 50g
- 植物油 —— 大さじ1

作り方

1 フライパンに油を入れて中火で熱し、漬けおきを加えて、肉に火が通り、玉ねぎがしんなりするまで炒める。

2 エゴマ、キムチと一緒に盛り合わせ、葉で巻きながら食べる。

Point
巻くための葉は、サンチュやレタスでもOK。そのとき手に入った野菜でどうぞ。

1人分
296kcal

たんぱく質	14.7g
カルシウム	39mg
塩分	2.2g

アレンジレシピ

スープカレー

材料（2人分）

P10きほんの漬けおき（生）——2人分
おくら——10本▼塩少々でもんで表面の毛を取り、斜め半分に切る
植物油——大さじ1
だし汁——3カップ
カレールウ——1かけ（約20g）
しょうゆ——小さじ½

作り方

1 フライパンに油を入れて中火で熱し、漬けおきを加えて炒める。肉の色が変わったらだし汁を加える。

2 煮立ったらふたをして3分ほど煮て、おくらを加えて1分煮る。火を止め、カレールウを加えて溶かす。

3 再び火にかけ、2分ほど煮て、しょうゆで味を調える。

Point
だし入りなので、そうめんやそばにも合います。つけ麺にして楽しんでも。洋風にする場合は、だし汁をコンソメスープに変えて。

1人分
350kcal
たんぱく質 15.7g
カルシウム 63mg
塩分 3.1g

アレンジレシピ

焼きそば

1人分
589kcal
たんぱく質 21.3g
カルシウム 44mg
塩分 2.5g

材料（2人分）

P10きほんの漬けおき（生）——2人分
中華麺（焼きそば用）——2玉
▼封を切って600Wの電子レンジで2分加熱
にら——½束
▼長さ3〜4cmに切る
植物油——大さじ2
塩——小さじ⅕
粗びきこしょう——少々

作り方

1 フライパンに油大さじ1を中火で熱し、麺をほぐしながら加えて、両面を焼きつけて取りだす。

2 フライパンに油大さじ1を入れて中火で熱し、漬けおきを加える。肉の色が変わったら、にらを加えてさっと炒め、塩で味を調える。

3 麺をもどし、しっかり炒め合わせる。器に盛り、粗びきこしょうをふる。

アレンジレシピ

韓国風ピカタ

材料（2人分）

P10きほんの漬けおき（生）——2人分
小麦粉——大さじ2
卵——1個
▼割りほぐす
ごま油——大さじ1
P121ぽん酢しょうゆ——大さじ1
（あれば）コチュジャン——適量

作り方

1 フライパンにごま油を入れ、中火にかける。

2 漬けおきに小麦粉をまぶし、ひと口大にして卵をからめる。1に平らにして入れ、周りが固まってきたら裏返して、ふたをして弱火で5分ほど焼く。

3 ふたを取って強めの中火で水分を飛ばし、ぽん酢しょうゆ、あればコチュジャンを添える。

1人分
367kcal
たんぱく質 17.9g
カルシウム 32mg
塩分 2.3g

きほんの漬けおき

鶏肉とねぎの梅みそ漬け

淡泊な鶏肉に、梅みそのコクをプラス。発酵食品に漬けることでやわらかく仕上がります。ねぎは切り込みを入れておくと味が染みこみやすく、噛みやすくなります。

材料（2人分×2食分）

鶏もも肉 —— 大1枚（約300〜350g）
▼ひと口大に切る

ねぎ —— 1本
▼3cm長さに切る（青い部分も同様）

A
- みそ、みりん、酒 —— 各大さじ1
- 梅干（13％塩分）の果肉 —— 1個分

作り方

Aを合わせ、鶏肉、ねぎを加えてもみこむ。

保存方法

食品保存袋に入れて、冷蔵で3日。冷凍で2週間。

めしあがり方（2人分）

フライパンに油大さじ1を入れて中火で熱し、漬けおきの半量を加えて炒める。肉の色が変わったらふたをして、弱火で蒸し焼きにし、鶏肉に火を通す。ふたを取って汁気を飛ばす。

1人分

225kcal	
たんぱく質	13.7g
カルシウム	24mg
塩分	1.2g

アレンジレシピ

鶏肉とねぎの梅みそ味の焼きうどん

材料（2人分）

P14きほんの漬けおき（生）――2人分

ゆでうどんまたは冷凍うどん――2玉

▼ゆでうどんは熱湯をかけてほぐす。冷凍うどんは袋の表示通り、電子レンジ加熱で解凍する

ピーマン――2個

▼縦半分に切って、うどんと同じくらいの細さに切る

植物油――大さじ1

作り方

1 フライパンに油を入れて中火で熱し、漬けおきを加えて炒め、ふたをして肉に火を通す。

2 肉に火が通ったら、ピーマンを加えてさっと炒める。肉と野菜を向こうに寄せて、空いているところにうどんをほぐしながら入れてさらに炒める。

3 肉と野菜、うどんをなじむように炒め、器に盛る。

1人分

420kcal

たんぱく質 18.5g

カルシウム 39mg

塩分 1.8g

アレンジレシピ

鶏肉とねぎの梅みそ豆腐チャンプルー

1人分	396kcal
たんぱく質	24.7g
カルシウム	249mg
塩分	1.8g

材料（2人分）

P14きほんの漬けおき（生）――1人分
木綿豆腐――1丁（約300g）
▼キッチンペーパー2枚で包み、600Wの電子レンジでラップをかけずに3分加熱して水きりする
小松菜――100g▼4〜5cmのざく切り
植物油――大さじ2
塩――小さじ1/5
かつお節――小1/2パック（1g）

作り方

1 フライパンに油大さじ1を入れて強めの中火で熱し、豆腐を大きくちぎって加えて焼きつけ、塩をふって取りだす。

2 フライパンに油大さじ1を入れ、漬けおきを加えて炒め、ふたをして弱火にして肉に火を通す。

3 肉に火が通ったら、小松菜を加えて中火でさっと炒め、小松菜がしんなりしたら、豆腐をもどして炒め合わせる。器に盛り、かつお節をのせる。

1人分	
274kcal	
たんぱく質	14.9g
カルシウム	40mg
塩分	1.2g

アレンジレシピ

鶏肉とねぎと長芋の梅みそ煮

材料（2人分）

P14きほんの漬けおき（生）——2人分
長芋——10cm（約150g）
▼7mm厚さの半月切り
だし汁——½カップ
しそ——2〜3枚
▼食べやすくちぎる
ごま油——大さじ1

作り方

1 フライパンにごま油を入れて中火で熱し、漬けおきを加えて炒め、ふたをして弱火で蒸し焼きにする。

2 長芋を加えてさっと炒め、だし汁を加えて2〜3分煮たら、しそを加え、火を止めて器に盛る。

アレンジレシピ

鶏肉とねぎの梅みそ蒸しみぞれ和え

材料（2人分）

P14きほんの漬けおき（生）——2人分
大根——150g
▼すりおろして水気をきる

作り方

1 耐熱皿に漬けおきを入れて、ラップをふんわりとかけ、600Wの電子レンジで3分加熱する。全体を混ぜて再びラップをかけて、1分加熱し、そのまま蒸らす。

2 大根おろしを加えて和える。

1人分	
183kcal	
たんぱく質	13.9g
カルシウム	41mg
塩分	1.2g

きほんの漬けおき

牛肉とごぼうの塩麹漬け

塩麹の力で肉がやわらかい。塩麹の酵素が消化吸収も助けます。

材料（2人分×2食分）

牛こま切れ肉――300g
ごぼう――中1本（約150g）▼斜め薄切り
塩麹――大さじ2
A［みりん、酒――各大さじ1
　しょうゆ――小さじ2

作り方

牛肉に塩麹をなじませてから、ごぼうを加え、Aを加えてなじませる。

保存方法

食品保存袋に入れて、冷蔵で3日。冷凍で2週間。

めしあがり方

フライパンに油大さじ1を入れて中火で熱し、漬けおきの半量を加えて炒める。ふたをして弱火で蒸し焼きにし、肉に火が通ったら、ふたを取って水分を飛ばす。小ねぎ2本分を小口切りにして散らす。

1人分	
321kcal	
たんぱく質	11.2g
カルシウム	26mg
塩分	1.7g

アレンジレシピ

牛肉とごぼうの卵とじ

材料（2人分）

P18きほんの漬けおき（生）——1人分
水菜——1株▼ざく切り
卵——2個▼割りほぐす
だし汁——¾カップ
七味唐辛子——少々

作り方

1 フライパンにだし汁、しょうゆを入れ、中火で煮立てて漬けおきを加える。肉の色が変わったら、アクを取ってふたをし、弱火でごぼうがやわらかくなるまで煮る。

2 ごぼうがやわらかくなったら、水菜を加え、卵をまわし入れ、好みのかたさに仕上げる。器に盛り、七味唐辛子をふる。

1人分
345kcal
たんぱく質 17.4g
カルシウム 99mg
塩分 2.0g

アレンジレシピ

牛肉とごぼうのトマト煮

材料（2人分）

P18きほんの漬けおき（生）――2人分
オリーブ油――大さじ1
トマト缶（ホール）――½缶（200g）
▼つぶす
おろしにんにくチューブ――1cm
塩、こしょう――各少々
（あれば）パセリ――適量
▼食べやすくちぎる

作り方

1 フライパンにオリーブ油を入れて中火で熱し、漬けおきを加えてさっと炒める。おろしにんにくを加え、さっと混ぜる。

2 トマト缶、水¼カップを加え、ふつふつしたらふたをして、弱火でごぼうがやわらかくなるまで煮る。

3 塩、こしょうで味を調え、器に盛り、パセリを散らす。

Point
トマト缶の残りは冷凍保存袋に入れて、つぶして平らにのばして冷凍しても。

1人分
343kcal

たんぱく質	12.1g
カルシウム	32mg
塩分	2.0g

アレンジレシピ
牛肉とごぼうのレンチン蒸し

材料（2人分）
- P18きほんの漬けおき（生）——2人分
- いんげん——4本 ▼へた、筋を取って、斜めに切る
- しょうが——小1かけ ▼せん切り

作り方
1. 耐熱皿に漬けおきを入れ、いんげん、しょうがを散らし、ふんわりとラップをかけて600Wの電子レンジで4分加熱する。
2. 全体を混ぜ、再びラップをかけて2分加熱し、蒸らす。

Point
ごぼうがやわらかく、汁もおいしい。油を使わずヘルシーで、時短なレシピです。

1人分
269 kcal
たんぱく質　11.3g
カルシウム　27mg
塩分　1.7g

アレンジレシピ
牛肉とごぼうの炊き込みごはん

材料（4食分）
- P18きほんの漬けおき（生）——2人分
- 米——2合 ▼洗ってざるにあげる
- 三つ葉——1束 ▼食べやすくきざむ

作り方
1. 炊飯器の内釜に米を入れる。2合の目盛りまで水を注ぎ、水大さじ2を捨て、漬けおきをまんべんなくのせて、炊飯する。
2. 炊きあがったら全体を混ぜ、三つ葉を加えてさっと混ぜる。

1人分
391 kcal
たんぱく質　9.7g

きほんの漬けおき

鮭のオイル漬け

オイルをまとわせることで煮ても焼いても身はふっくら、皮はパリッと焼き上がります。かじき、たら、鯛でもおいしい。

材料（2人分×2食分）

- 生鮭——4切れ
- 塩——小さじ⅓
- こしょう——少々
- にんにく——1かけ
  ▼薄切りにして芯を取る
- オリーブ油——大さじ2

作り方

鮭に塩、こしょうをなじませ、にんにく、オリーブ油になじませ、30分以上おく。

保存方法

食品保存袋に入れて、冷蔵で3日。冷凍で2週間。

めしあがり方

フライパンに漬けおきのオイルとにんにくの半量を入れて弱火にかけ、色づいたら取りだす。鮭2切れを皮の面を下にして入れ、中火で両面を焼く。ズッキーニ½本を7㎜幅の輪切りにし、空いているところで一緒に焼く。あればカットレモンを添える。

1人分	
186kcal	
たんぱく質	19.3g
カルシウム	24mg
塩分	0.7g

アレンジレシピ

鮭のレモンクリームパスタ

材料（2人分）

P22きほんの漬けおき（生）――2人分
レモン果汁――大さじ1（レモン½個分）
生クリーム――½カップ
白ワイン――大さじ2
スパゲティ――150g
ブロッコリー――100g ▼小房に分ける
粗びきこしょう――少々

作り方

1 湯量の1%の塩を加えて、スパゲティをゆでる。残り時間3分になったら、ブロッコリーを加えて一緒にゆであげる。ゆで汁は玉じゃくし1～2杯を取っておく。

2 フライパンに漬けおきのオイルとにんにくを入れて、弱火で熱し、にんにくが色づいたら取りだし、鮭を加えて両面を焼く。白ワインをふってふたをして蒸し焼きにする。

3 鮭の皮を取って身を粗くほぐし、生クリーム、ゆで汁を加えて煮詰める。

4 スパゲティ、ブロッコリーを入れ、レモン汁を加えて和え、にんにくをもどす。器に盛り、粗びきこしょうをふる。

1人分
663kcal

たんぱく質	30.7g
カルシウム	80mg
塩分	2.4g

アレンジレシピ 鮭のポトフ

材料（2人分）

P22きほんの漬けおき（生）—— 2人分
▼1切れを3等分
じゃがいも —— 大1個
▼皮をむき、ひと口大に切ってラップで包み600Wの電子レンジで2分加熱
にんじん —— ½本
▼1cmの輪切りにし、ラップで包んで600Wの電子レンジで2分加熱
顆粒コンソメ —— 小さじ1
ローリエ —— 1枚
粒マスタード —— 小さじ1
塩、こしょう —— 各少々

作り方

1 フライパンに漬けおきのオイルとにんにくを入れ、弱火で熱し、にんにくが色づいたら取りだす。鮭の皮を下にして焼き、裏返す。

2 水1½カップ、顆粒コンソメ、ローリエを入れて中火にかける。煮立ったらじゃがいも、にんじんを加え、ふたをして弱火で10分ほど煮て、塩、こしょうで味を調える。器に盛り、粒マスタードを添える。

Point
じゃがいも、にんじんの代わりに、冷凍洋風野菜ミックスを使っても。

1人分
253kcal
たんぱく質 20.6g
カルシウム 30mg
塩分 1.7g

アレンジレシピ
鮭のホイル焼き

材料（2人分）

P22きほんの漬けおき（生）——2人分

まいたけ——1パック▼ほぐす

パプリカ（赤）——½個▼乱切り

P121ぽん酢しょうゆ——大さじ1

作り方

1 アルミホイルを2重にして広げ、鮭、まいたけ、パプリカをのせる。漬けおきのオイルとにんにくをまんべんなくかけ、アルミホイルの口を閉じる。

2 魚焼きグリル（両面で8〜9分）、またはオーブントースター（約10分）で焼き、ポン酢しょうゆをかける。

1人分

204kcal

たんぱく質	20.1g
カルシウム	18mg
塩分	1.4g

アレンジレシピ
鮭のカレームニエル

材料（2人分）

P22きほんの漬けおき（生）——2人分

A［カレー粉——小さじ¼
　小麦粉——大さじ1］▼均一に混ぜる

ほうれん草——½束▼ゆでて3〜4cmに切る

（あれば）松の実——大さじ1

塩——少々

作り方

1 漬けおきの袋からオイルをぬぐうようにして鮭を取りだし、Aをまんべんなくまぶす。

2 フライパンに漬けおきのオイルとにんにくを入れて弱火で熱し、にんにくが色づいたら取りだす。鮭の皮の面を下にして中火で焼き、裏返して焼く。ほうれん草、松の実も炒め、塩少々で味を調えて一緒に盛る。

1人分

227kcal

たんぱく質	20.6g
カルシウム	42mg
塩分	1.0g

きほんの漬けおき

さばのゆずこしょう漬け

さばは骨のない三枚おろしを使って。ゆずの風味とほどよい塩気で上品なおかずになります。余ったゆずこしょうの有効活用にも。

材料（2人分×2食分）

さば（3枚おろし）——4切れ
▼皮に縦に浅く切れ目を入れる（写真❶）

A
- ゆずこしょう——小さじ¼
- しょうゆ、みりん——各大さじ½

作り方

Aを合わせ、さばを漬けて半日以上おく。

❶

保存方法

食品保存袋に入れて、冷蔵で3日。冷凍で2週間。

めしあがり方

漬けおきの袋から、漬け汁をぬぐうようにしてさばを取りだし、魚焼きグリルで焼く。大根150gをおろし、水気をきって添える。

1人分	
164kcal	
たんぱく質	12.8g
カルシウム	22mg
塩分	0.6g

アレンジレシピ

さばのゆずこしょうから揚げ

材料（2人分）

P26きほんの漬けおき（生）——2人分

▼汁気をきる

片栗粉——適量

ししとう——6本

▼穴を開けるか切れ目を入れる

揚げ油（170℃）——適量

（あれば）すだちまたはかぼす——1個

▼半分に切る

作り方（直径20㎝のフライパン）

1 フライパンに揚げ油を深さ1㎝ほど入れ、中火にかけて、ししとうを素揚げする。

2 漬けおきのさばに片栗粉をしっかりまぶして、1のフライパンで両面を揚げて取りだす。さば、ししとうを盛り合わせ、すだちを添える。

1人分

226kcal

たんぱく質	12.8g
カルシウム	7mg
塩分	0.6g

アレンジレシピ
さばの混ぜ寿司

材料（2人分）
P26きほんの漬けおき（生）――― 2人分
温かいごはん ――― 300g
小ねぎ ――― 2本▼小口切り
P120すし酢 ――― 大さじ4
みょうが ――― 2個▼小口切り
しょうが ――― 小1かけ▼せん切り

作り方

1 耐熱皿に漬けおきのさばをのせ、ふんわりとラップをかけて、600Wの電子レンジで3分加熱する。そのまま2分蒸らして粗熱が取れたら、骨を取ってほぐす。

2 ごはんにすし酢を加えて混ぜ、1、みょうが、しょうが、小ねぎを加えて混ぜる。

1人分
341kcal

たんぱく質	9.6g
カルシウム	19mg
塩分	1.4g

アレンジレシピ さばのみそ煮

材料（2人分）

- P26 きほんの漬けおき（生） —— 2人分
- しょうが —— 小1かけ
- せん切り
- A
  - みそ —— 小さじ1
  - 酒 —— 大さじ1
- ▼合わせる

作り方

1. 耐熱皿に漬けおきのさばと漬け汁を入れ、合わせたAをまんべんなくまわしかける。
2. ラップをふんわりとして、600Wの電子レンジで4分加熱し、そのまま3分蒸らす。器に盛り、しょうがをあしらう。

1人分
167kcal
たんぱく質 13.0g
カルシウム 9mg
塩分 1.0g

アレンジレシピ さばの利休焼き

材料（2人分）

- P26 きほんの漬けおき（生） —— 2人分
- 白いりごま —— 大さじ4
- 植物油 —— 小さじ2
- しそ —— 4枚
- P123 甘酢しょうが —— 少々

作り方

1. さばの両面にいりごまをまぶしつける。
2. フライパンに油を入れて弱めの中火で熱し、さばの両面を6分ずつ焼く。しそをしいた皿に盛り、しょうがの甘酢漬けを添える。

1人分
297kcal
たんぱく質 16.2g

きほんの漬けおき

まぐろの漬け

漬かりすぎて辛くならないように、厚切りにするのがコツ。かつおの漬けもおすすめです。

材料（2人分×2食分）

柵状のまぐろ（赤身）——300g
▼キッチンペーパーで余分な汁気を切り（写真❶）、厚めのそぎ切り（150gを8等分）にする（写真❷）

A しょうゆ、みりん、酒——各大さじ2
▼小鍋で煮きって冷ます（写真❸）

作り方

煮きって冷ましたAに、まぐろを30分以上漬ける。

❶

❷

❸

めしあがり方

漬けおきのまぐろの汁気をきって、小ねぎ、みょうが、おろししょうがなどの薬味野菜を添える。

1人分	
138kcal	
たんぱく質	16.2g
カルシウム	16mg
塩分	1.4g

保存方法

食品保存袋に入れて、冷蔵で3日。冷凍で2週間。

アレンジレシピ

ポキ丼

材料（2人分）

P30きほんの漬けおき（生）――2人分
アボカド――½個▼半月切り
貝割れ菜――½パック▼食べやすく切る
ごま油――小さじ2
いりごま――小さじ1
ごはん――300g

作り方

1 漬けおき、アボカドをごま油で和える。

2 ごはんにのせ、いりごまをふり、貝割れ菜をあしらう。

1人分
476kcal
たんぱく質 20.0g
カルシウム 37mg
塩分 1.4g

アレンジレシピ

まぐろのガーリックステーキ

材料（2人分）

P30きほんの漬けおき（生）――2人分
にんにく――小1かけ▼粗みじん切り
ミニトマト――6個▼へたを取る
オリーブ油――大さじ1
粗びきこしょう――少々

作り方

1 フライパンにオリーブ油、にんにくを入れる。弱火で熱し、にんにくが色づいたら、漬けおきの汁気をきって加え、両面を中火で香ばしく焼く。空いているところで、ミニトマトを焼く。

2 まぐろを盛りつけ、ミニトマトを添え、粗びきこしょうをふる。

1人分	
199kcal	
たんぱく質	16.3g
カルシウム	9mg
塩分	1.4g

アレンジレシピ

まぐろの漬けと納豆のぶっかけうどん

1人分	
379kcal	
たんぱく質	24.5g
カルシウム	58mg
塩分	3.0g

材料（2人分）

P30きほんの漬けおき（生）——2人分
冷凍うどん——2玉
▼電子レンジで解凍、温めてから、流水でしめる
納豆——1パック▼添付のたれ、からしを加え混ぜる
おくら——4本
▼さっとゆでて小口切り
めんつゆ（3倍濃縮）——小さじ2
焼きのり——½枚▼もむ

作り方

1 おくらにめんつゆを加えて混ぜる。

2 器にうどんをのせ、おくらをまんべんなくのせ、漬けおきと納豆をのせ、もみのりを散らす。

アレンジレシピ

まぐろの漬けのしそ巻き揚げ

材料（2人分）

P30きほんの漬けおき（生）——2人分
しそ——8枚
片栗粉——適量
植物油——適量
わさび——少々

作り方

1 漬けおきの汁気をキッチンペーパーでふいて、1切れずつしそで巻く。

2 フライパンに深さ1cmほど油を入れて中火にかける。1に片栗粉をまぶして揚げ焼きにする。わさびを添える。

1人分	
202kcal	
たんぱく質	16.1g
カルシウム	13mg
塩分	1.5g

フライパン一つで手軽に調理。

ワンパン作りおき

深さがあってふたのあるフライパンなら、調理法も、煮る、炒める、揚げるが一つでできます。そのまま食卓に出して、適宜取り分けていただいても。お値打ち食材を多めに入手したときにもおすすめです。

直径20、24cmのフライパンが使いやすい。

鶏肉と白菜、春雨のうま煮

鶏肉と白菜から出るうま味たっぷりのスープを春雨にからめて、あますことなくいただきます。

鶏もも、鶏むね肉
大パックを使って

材料（2人分×2食分）

鶏むね肉――1枚（280g）▼ひと口大に切る
塩、こしょう――各少々
片栗粉――適量
白菜――300g（1/4株）▼芯はそぎ切り、葉は4〜5cmのざく切り
春雨（乾燥）――30g▼フライパンで湯を沸かし、袋の表示通りもどす（もどさず使えるものでも同様）
植物油――大さじ1
A［しょうゆ、酒、砂糖――各大さじ1
　塩――小さじ1/2

作り方（直径24cmのフライパン）

1 鶏肉に塩、こしょうをふって片栗粉を薄くまぶす。

2 フライパンに油を入れて中火で熱し、1の表面を焼きつける。空いているところに白菜を入れてさっと炒め、肉を白菜の上にのせる。ふたをして弱火で5分ほど蒸し煮する。

3 水2カップ、Aを加えて、中火で5分ほど煮て、春雨を加えて煮含める。

保存方法
保存容器に入れて、冷蔵で3日。

1人分
189kcal

たんぱく質	12.9g
カルシウム	39mg
塩分	1.6g

鶏もも、鶏むね肉 大パックを使って

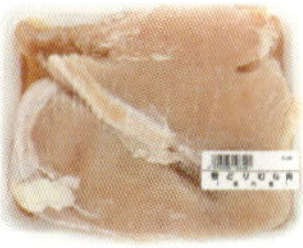

チキントマトライス

懐かしのケチャップ味。温かいごはんで作るから、ほぐれやすく、ムラなく味つけできます。

材料（2人分×2食分）

鶏むね肉 —— 1枚（280g）▼1cm角に切る
塩、こしょう —— 各少々
玉ねぎ —— ½個▼みじん切り
マッシュルーム（水煮）—— 80g
植物油、バター —— 各大さじ1
白ワイン —— 大さじ2
ケチャップ —— ½カップ
温かいごはん —— 600g
パセリのみじん切り —— 少々

❶

作り方（直径24cmのフライパン）

1 鶏むね肉に塩、こしょうをふる。

2 フライパンに油を入れて中火で熱し、鶏肉を炒め、色が変わったら玉ねぎを加えて、しんなりするまで炒める。

3 マッシュルーム、白ワインを加えてさっと炒め、ケチャップを加えて（写真❶）1分ほど炒める。ごはん、バターを加えたら木べらで切るように炒めて、ごはんと具をなじませ、塩、こしょうで味を調える。パセリをふる。

保存方法

1食分ずつラップに包み、保存袋に入れる。冷蔵で3日。冷凍で1か月。

1人分
416kcal

たんぱく質	16.0g
カルシウム	18mg
塩分	1.3g

ひき肉
大パックを使って

ワンパンシューマイ

シューマイの皮を細かく切って、肉だねをサンド。焼けたら切り分けていただきます。

底面が焼けるので、焼き小籠包風に仕上がります。

材料（2人分×2食分）

〈肉だね〉

- 豚ひき肉——300g
- 玉ねぎ——1個▼みじん切り
- しょうが——1かけ▼すりおろす
- A
  - オイスターソース、酒、ごま油——各大さじ1
  - 砂糖——小さじ2
  - 塩——小さじ1
  - 片栗粉——大さじ2
- シューマイの皮——1袋▼細切り
- 植物油——大さじ1
- 辛子、しょうゆ——各適宜

作り方（直径24㎝のフライパン）

1 肉だねの材料とAをよく混ぜ合わせる。

2 フライパンに油を入れてシューマイの皮の半量を広げ（写真❶）、肉だねを広げてのせ、残りの皮を全体に散らす（写真❷）。

3 水½カップを注ぎ、ふたをして中火で8分蒸し焼きにし、ふたを取って水分を飛ばす（写真❸）。切り分けて、辛子、しょうゆを添える。

❶

❷

❸

保存方法

1食分ずつラップに包み、保存袋に入れる。冷蔵で3日。冷凍で1か月。

1人分	
322kcal	
たんぱく質	14.6g
カルシウム	21mg
塩分	2.8g

ひき肉
大パックを使って

ワンパンミートローフ

大きな肉だねのまま焼いて、食べる分だけ切り分けます。残りは冷凍保存が便利。

サラダ菜など添える野菜はお好みのもので。P64マッシュポテトも合います。

1人分
320kcal
たんぱく質 17.9g
カルシウム 29mg
塩分 2.4g
※サラダ菜含む

材料（2人分×2食分）

〈ミートローフだね〉
- 合いびき肉 ── 400g
- 卵 ── 1個
- 玉ねぎ、にんじんのすりおろし ── 各大さじ3
- おろしにんにくチューブ ── 少々
- パン粉 ── 1カップ
- 塩 ── 小さじ2/3
- こしょう、（あれば）ナツメグ ── 各少々

- 植物油 ── 大さじ1
- 赤ワイン ── 大さじ2
- P122ケチャップソース ── 大さじ4

作り方（直径24cmのフライパン）

1 ボウルに、ひき肉以外のミートローフだねの材料を入れて混ぜる。ひき肉を加え、よく練り混ぜてひとまとめにし、空気を抜くようにしてボウルにたたきつける。2等分にし、高さ5～6cm、長さ17cmくらいに整える。

2 フライパンに油を入れて熱し、1を並べて2～3分焼く。上下を返し（写真❶）、さらに2～3分焼く。表面に焼き色がついたら水½カップを加えてふたをし、弱火にして水気がなくなるまで7～8分蒸し焼きにする。竹串を刺して透明な汁が出たら焼きあがり（写真❷）。

3 肉を取り出し、同じフライパンに赤ワインを入れ、アルコール分をとばし、ケチャップソースを加えて、とろりとするまで煮詰める。（写真❸）

4 食べやすく切って3のソースを添える。

保存方法

1本ずつラップで包んで冷蔵で3日。冷凍の場合は切り分けて1切れずつラップで包み、保存袋に入れて1か月。食べるときは600Wの電子レンジで解凍し、温める。1本丸ごと冷凍した場合はレンジで6～7分解凍、温める。ソースも保存容器に入れて冷蔵1週間、保存袋に平らにして入れて冷凍1か月。

❶

❷

❸

フライパン豚汁

炒め煮で作る豚汁には、焼いた豚肉の香ばしさが加わります。豚こま切れ肉の脂身がコクを出します。

材料（2人分×2食分）
豚こま切れ肉——150g
大根——4cm▼5mm厚さのいちょう切り
にんじん——6cm▼5mm厚さのいちょう切り
ごぼう——⅓本▼5mm厚さの斜め切り
じゃがいも——1個▼7mm厚さのいちょう切り
しめじ——小1パック▼ほぐす
ごま油——大さじ1
だし汁——4カップ
みりん——大さじ1
みそ——大さじ2½
小ねぎの小口切り——適量

作り方（直径24cmのフライパン）

1 フライパンに大根、にんじん、ごぼうを入れ、かぶるくらいの水を加えて強火にかける。煮立ったらふたをして、吹きこぼれない火加減で5分ゆで、ざるにあげる。

2 フライパンにごま油を入れて中火で熱し、豚肉をほぐしながら加えて炒め、色が変わったら、1、じゃがいもを加えてさっと炒める。だし汁を加え（写真❶）、じゃがいもがやわらかくなるまで煮たら、しめじを加える。

3 みりん、みその順に加え（写真❷）、ひと煮する。器に盛り、小ねぎをふる。

1人分	
194kcal	
たんぱく質	9.2g
カルシウム	39mg
塩分	1.7g

❶

❷

保存方法
保存容器に移し、冷蔵で3日。

1人分

342kcal	
たんぱく質	14.1g
カルシウム	16mg
塩分	1.5g

豚こま切れ肉と季節野菜の揚げ浸し

直径20㎝のフライパンで揚げるので揚げ油の量が少なくてすみます。
1日置くと味がよりなじみ、冷めても美味しいです。

材料（2人分×2食分）

豚こま切れ肉 ―― 300g
しょうが汁 ―― 少々
酒 ―― 小さじ1
片栗粉 ―― 適量
なす ―― 2本▼縦半分に切って斜め1㎝に切る
パプリカ（赤）―― 1個
▼縦に6つ割りにし、斜め半分に切る
揚げ油 ―― 適量
A
P121ぽん酢しょうゆ ―― 大さじ4
だし汁 ―― 大さじ8
赤唐辛子の小口切り ―― 少々

作り方（直径20㎝のフライパン）

1 Aをフライパンに入れ、煮立てて保存容器に移して冷ます。

2 1のフライパンを洗い、ふいてから、揚げ油を深さ1㎝ほど入れて170℃に温める。なす、パプリカを素揚げ（写真❶）して、1に漬ける。

3 豚肉にしょうが汁、酒をなじませ、ひと口大にまとめ、片栗粉をまぶして両面を揚げて、2に漬ける。

Point
こま切れ肉のような薄い肉は、食べやすくまとめると、食べごたえがあり、ふっくら仕上がります。

保存方法
残りは保存容器に入れたまま、冷蔵で3日。

❶

魚のあら
パックを使って

あら大根

合わせる野菜は、冷凍ごぼうでもおいしい。

材料（2人分×2食分）

ぶりや金目鯛などのあら —— 500g
▼塩小さじ1をふって15分ほど置き（写真❶）、熱湯をかけ、流水で洗う（写真❷）

大根 —— 450g
▼2〜3㎝厚さの半月切りにし、耐熱皿に入れてラップをかけて600Wの電子レンジで6分加熱

A
しょうゆ —— 大さじ3
酒、砂糖 —— 各大さじ2

（あれば）針しょうが —— 適量

作り方（直径24㎝のフライパン）

フライパンに水2カップ、Aを入れて煮立て、あら、大根を入れる。煮立ったらアクをすくい、落としぶたをして20分ほど煮る。あれば針しょうがを添える。

1人分
171kcal

たんぱく質	11.7g
カルシウム	33mg
塩分	2.3g

❶

❷

保存方法
残りは保存容器に移し、冷蔵で3日。冷凍で1か月。

1人分	
425kcal	
たんぱく質	16.0g
カルシウム	55mg
塩分	1.0g

魚のあらでパエリア

身をほぐすと思いのほか食べごたえのある「あら」。米にたっぷりのせてうま味をふんだんに炊き込みます。

材料（2人分×2食分）

金目鯛や鯛のあら ―― 300g
▼塩小さじ1をふって15分ほど置き、熱湯をかけ、流水で洗う
米 ―― 2合▼洗わない
にんにく ―― 小1かけ▼みじん切り
玉ねぎ ―― ½個▼みじん切り
セロリ ―― ½本▼茎は斜め薄切り
ピーマン ―― 1個▼細切り
トマト ―― 1個▼1cm角に切る
オリーブ油 ―― 大さじ2
冷凍シーフードミックス ―― 200g
カレー粉 ―― 小さじ½
白ワイン ―― 大さじ2
塩、こしょう ―― 各少々
カットレモン ―― 適量

❶

❷

❸

作り方（直径24cmのフライパン）

1 フライパンにあら、セロリの葉、ひたひたの水（約3½カップ）を入れて強火にかけ、煮立ったらアクを取り、ふたをして弱火で15分ほど煮てスープを取る（写真❶）。あらから身を取る（写真❷）。

2 フライパンにオリーブ油の半量を熱し、ピーマン、セロリ、シーフードミックスを炒め、塩、こしょうして取りだす。

3 同じフライパンに残りのオリーブ油、にんにく、玉ねぎを入れ、玉ねぎが透き通ったら、カレー粉、トマト、白ワインを加え、なじむように炒め、米を加えてさっと炒める。1のスープ（写真❸）、塩小さじ½、こしょうを加え、中火で煮立てる。

4 2とあらの身をのせ、ふたをして弱火で20分蒸し焼きにし、強火で1分、焦げ目をつけてから火を消して、ふたをしたまま10分蒸らす。カットレモンを添える。

保存方法 残りは温かいうちにラップで1食分ずつ包んで、冷凍。1か月保存可

炊飯の熱を活用

炊飯器で炊きおき

ごはんを炊くとき、米の上にのせるだけ。炊飯器の熱を利用します。下ゆでが終わったのと同じ状態の食材は、保存しておけば他の料理に手軽に展開でき、時短にもつながるので便利です。炊いたごはんもおいしくいただけます。

きほんの炊きおき

鶏むね肉

炊飯器でつくる蒸し鶏です。砂糖、塩の順にふってなじませておくと、しっとり炊けます。塩を先にすると肉が締まるので注意。

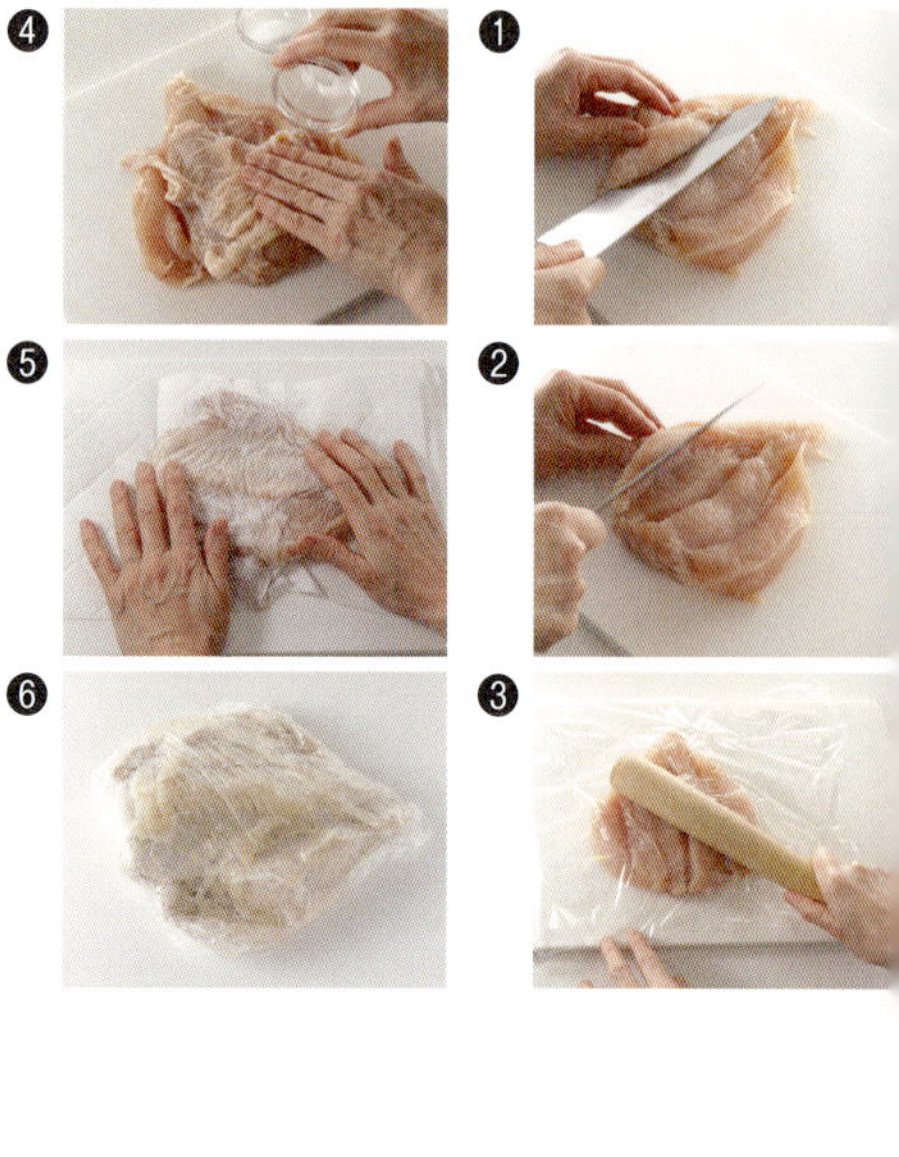

材料（2人分×2食分）

米――2合▼洗ってざるにあげる

鶏むね肉――大1枚（約320g）▼そぐようにして開いて叩き、厚みを均一にする（写真❶〜❸）

砂糖、塩――各小さじ1

作り方

1 鶏肉に砂糖、塩の順にふってなじませ（写真❹）、キッチンペーパーで水気をふき取る（写真❺）。

2 炊飯器に米と2合の目盛りまで水を注ぎ、鶏肉をのせて炊飯する。

3 炊きあがったら、鶏肉を取りだしてラップで包み、10分くらい休ませる（写真❻）。ごはんはほぐす。

保存方法

ラップに包んだ状態で、さらに保存袋に入れる。冷蔵で3日。冷凍で1か月。

アレンジレシピ

和風カオマンガイ

材料（2人分）

ごはん —— 1合分

P46鶏むね肉の炊きおき —— ½枚▼そぎ切り

貝割れ菜 —— ½束▼根元を切る

〈たれ〉

P121ぽん酢しょうゆ —— 大さじ3

おろししょうが —— 小1かけ

いりごま —— 小さじ2

ごま油 —— 小さじ1

作り方

たれの材料を混ぜる。ごはん、炊きおき、貝割れ菜を盛って、たれを添える。

1人分

422kcal

たんぱく質	19.5g
カルシウム	55mg
塩分	2.9g

アレンジレシピ

鶏のヨーグルトみそだれ

材料（2人分）

P46鶏むね肉の炊きおき —— ½枚
▼食べやすく切る
トマト —— 1個▼輪切り
P124ヨーグルトみそ —— 大さじ1
オリーブ油 —— 大さじ1
おろしにんにくチューブ —— 少々

作り方

ヨーグルトみそにオリーブ油、おろしにんにくを加え、炊きおき、トマトに添える。

1人分
193kcal

たんぱく質	15.0g
カルシウム	19mg
塩分	1.4g

アレンジレシピ
鶏と水菜のオイマヨサラダ

材料（2人分）
P46鶏むね肉の炊きおき ―― ¼枚
▼食べやすく割く
水菜 ―― 1株▼ざく切り
（カット済みでも可）
P124オイマヨソース ―― 大さじ1
すりごま ―― 小さじ1

作り方
ボウルにオイマヨソースを入れ、炊きおきと水菜を加えて和える。器に盛り、ごまをふる。

1人分
94kcal

たんぱく質	8.0g
カルシウム	74mg
塩分	1.0g

アレンジレシピ
しっとりチキンのサンドイッチ

材料（2人分）
P46鶏むね肉の炊きおき ―― ½枚
▼食べやすく割く
せん切りキャベツミックス（市販品） ―― 50g
P121フレンチドレッシング ―― 大さじ1
A バター、粒マスタード ―― 各小さじ2
麦入りマフィン ―― 2個
▼1個ずつ割って、トーストする

作り方
1 炊きおき、キャベツにドレッシングをかけてなじませる。
2 焼いたパンにAをぬり、1をはさむ。

1人分
308kcal

たんぱく質	19.1g
カルシウム	51mg
塩分	2.1g

きほんの炊きおき

豚かたまり肉

炊飯器でつくる蒸し豚。ごはんに肉の味は移りません。
肉は食べやすく切って、
辛子じょうゆやぽん酢じょうゆでどうぞ。

材料（2人分×2食分）

米——2合▼洗ってざるにあげる
豚肩ロース（かたまり肉）——400～450g
▼沸騰した湯でさっとゆでて（写真❶）、水に取り（写真❷）、余分な脂を取る。

作り方

1 炊飯器に米と2合の目盛りまで水を注ぎ、豚肉をのせて炊飯する。

2 炊きあがったら、豚肉は取りだしてラップで包み、休ませる（写真❸）。ごはんはほぐす。

保存方法

ラップに包んだ状態で、さらに保存袋に入れる。冷蔵で3日。冷凍は食べやすく切り、1食分ごとラップで包んで冷凍保存袋に入れて1か月。

❶

❷

❸

アレンジレシピ

雲片肉《うんぱいろう》

材料（2人分）

P50豚かたまり肉の炊きおき —— ½量▼薄切り
きゅうり —— 1本▼ピーラーで薄切り
P123香味だれ —— 大さじ2（20g）

作り方

豚肉、きゅうりを盛り合わせて、香味だれをかける。

Point

四川料理の冷菜・雲片肉は、薄く切った豚バラ肉を雲に見立てた料理名です。ここではゆでおきの塊肉を薄切りにして仕上げます。好みでたれに花椒を入れると本格中華に。

1人分	
301kcal	
たんぱく質	17.4g
カルシウム	25mg
塩分	1.1g

アレンジレシピ

酢豚

材料（2人分）

P50豚かたまり肉の炊きおき——½量▼角切り
塩、酒——各少々
片栗粉——適量
カラーピーマン（赤・緑）——各1個
▼大きめの乱切り
揚げ油——適量
〈あん〉
黒酢、しょうゆ、砂糖——各大さじ1
鶏がらスープの素——小さじ⅓
片栗粉——小さじ1
水——⅓カップ
ねぎ——15cm▼白髪ねぎにする

作り方（直径20cmのフライパン）

1 豚肉に塩、酒をなじませ、片栗粉をまぶす。

2 フライパンに深さ1cmほどの油を入れて170℃に温め、ピーマンを素揚げして取りだす。1を加えて両面を揚げ焼きする。

3 2のフライパンを洗い、あんの材料をよく混ぜて入れ、混ぜながら火にかけ、とろみがついたら2を加えてからめる。器に盛り、白髪ねぎを添える。

Point

肉の中はほろっと外はカリッと仕上がります。揚げ物には直径20cmのフライパンがおすすめ。使う油は少量ですみます。

1人分
374kcal

たんぱく質	15.6g
カルシウム	12mg
塩分	1.9g

アレンジレシピ
サムギョプサル

1人分
432kcal

たんぱく質	19.1g
カルシウム	60mg
塩分	3.4g

材料（2人分）

P50豚かたまり肉の炊きおき —— ½量▼厚めに切る
にんにく —— 1かけ▼薄切りにして芯を取る
サンチュ —— 8枚
キムチ —— 50g
ごまだれ（ごま油大さじ2、塩小さじ⅓、こしょう少々を合わせる）
サムジャンだれ（みそ大さじ1、コチュジャン大さじ½、おろししょうが、にんにく各小さじ½、白すりごま小さじ1、ごま油小さじ¼を合わせる）

作り方

1 フライパンを中火で熱し、肉の両面を焼きつける。出てきた脂でにんにくを焼き、キムチを炒める。

2 1とサンチュを盛り合わせ、たれを添える。

アレンジレシピ
チャーハン

材料（2人分）

P50豚かたまり肉の炊きおき —— ¼量▼さいの目切り
ごはん —— 300g
卵 —— 2個▼割りほぐす
塩 —— 小さじ¼
にら —— ½束▼小口切り
しょうゆ —— 大さじ1
植物油 —— 大さじ2
塩、こしょう —— 各少々

作り方

1 豚肉にしょうゆ小さじ1をなじませる。

2 卵に塩を加え、ごはんに加えて混ぜる。

3 フライパンに油を入れて中火で熱し、2を加えてパラパラに炒めて、1、にらを加えてさらに炒め、残りのしょうゆを鍋肌から加えて炒め合わせる。塩、こしょうで味を調える。

1人分
541kcal

たんぱく質	16.9g
カルシウム	44mg
塩分	2.6g

きほんの炊きおき

にんじん

少し押せば崩れるくらいやわらかく炊きあがります。色も美しい。

材料（2人分×2食分）
米 ―― 2合▼洗ってざるにあげる
にんじん ―― 2本（約320g）▼薄く皮をむく（皮つきでもOK）

作り方

1 炊飯器に米と2合の目盛りまで水を注ぎ、にんじんをのせて炊飯する。

2 炊きあがったら、にんじんは取りだしてラップで包み、休ませる（写真❶）。ごはんはほぐす。

❶

保存方法
ラップに包んだ状態で、さらに保存袋に入れる。冷蔵で3日。冷凍で1か月。

アレンジレシピ

にんじんポタージュ

材料（2人分）
P54にんじんの炊きおき ―― 1本
調整豆乳 ―― 1カップ
和風顆粒だし ―― 小さじ1
かつお節 ―― 適量

作り方
かつお節以外の材料をミキサーにかける。器に盛り、かつお節をトッピングする。

1人分	
78kcal	
たんぱく質	3.9g
カルシウム	41mg
塩分	0.8g

アレンジレシピ

鶏肉とにんじんの甘辛煮

材料(2人分)

鶏もも肉(唐揚げ用)
――200g
P54にんじんの炊きおき
――1本▼乱切り
A しょうゆ、みりん、酒
――各大さじ1
小ねぎ――適量
▼斜め2㎝長さに切る

作り方

1 フライパンに鶏肉の皮を下にして並べ、中火にかける。脂が出て、全体に白っぽくなったら裏返し、ふたをして弱火で蒸し焼きにする。

2 鶏肉に火が通ったら、にんじんを加えてさっと炒め、Aをまわし入れてからめ、小ねぎをふる。

1人分

222kcal	
たんぱく質	17.8g
カルシウム	20mg
塩分	1.5g

アレンジレシピ

コンソメグラッセ

材料（2人分）

P54にんじんの炊きおき――½本

▼1cmの輪切り

バター――小さじ1

顆粒コンソメ――小さじ¼

砂糖――小さじ½

水――大さじ2

作り方

耐熱皿に材料をすべて入れ、ふんわりとラップをかけて600Wの電子レンジに2分かける。全体を混ぜ、ラップをかけて蒸らす。

1人分	
31kcal	
たんぱく質	0.2g
カルシウム	10mg
塩分	0.3g

アレンジレシピ

にんじんジャム

材料（作りやすい分量）

P54にんじんの炊きおき —— 1本
▼包丁を押しつけてつぶす（写真❶）
砂糖 —— 炊いたにんじんの重さの30％
レモン汁 —— 小さじ1

作り方

材料を耐熱皿に入れ、ラップをふんわりとかけて、600Wの電子レンジで4分加熱し、混ぜる。

❶

全量	
240kcal	
たんぱく質	0.8g
カルシウム	39mg
塩分	0.2g

きほんの炊きおき

かぼちゃ

水っぽくならず、ほっくり炊きあがります。皮ごとつぶせるほどやわらかい。

材料（2人分×2食分）

米 ―― 2合▼洗ってざるにあげる
かぼちゃ ―― 1/8個（300g）▼わたを取って横半分に切る

作り方

1 炊飯器に米と2合の目盛りまで水を注ぎ、かぼちゃをのせて炊飯する。

2 炊きあがったら、かぼちゃは取りだしてラップで包み、休ませる。ごはんはほぐす。

保存方法

ラップに包み、さらに保存袋に入れる。冷蔵で3日。冷凍の場合、使いやすい大きさに切ってから、ラップで包み保存袋に入れて1か月。

アレンジレシピ

かぼちゃのデリ風サラダ

材料（2人分）

P58かぼちゃの炊きおき ―― 1/8個の半量
▼粗くつぶす
ツナ缶 ―― 小1/2缶▼汁気をきる
レーズン ―― 15g
P121フレンチドレッシング ―― 大さじ1
パセリ（みじん切り）―― 少々

作り方

かぼちゃ、ツナ、レーズン、パセリを合わせ、ドレッシングを加えて和える。

1人分	
150kcal	
たんぱく質	3.4g
カルシウム	25mg
塩分	0.6g

アレンジレシピ

かぼちゃと鮭のオイマヨ焼き

材料（2人分）

生鮭 —— 2切れ▼そぎ切り
塩、こしょう —— 各少々
P58かぼちゃの炊きおき —— ⅛個の半量
▼1cm厚さのいちょう切り
植物油 —— 大さじ1
P124オイマヨソース —— 大さじ1

作り方

1 鮭に塩、こしょうをふる。

2 フライパンに油を入れて中火で熱し、鮭の両面を焼き、空いているところでかぼちゃも両面を香ばしく焼く。

3 オイマヨソースを加え、なじむようにからめる。

1人分
231kcal
たんぱく質 19.7g
カルシウム 24mg
塩分 1.0g

材料（2人分）

鶏むね肉——150g▼そぎ切り
塩、こしょう——各少々　小麦粉——適量
P58かぼちゃの炊きおき——1/8個の半量
▼3～4cm角に切る
玉ねぎ——1/4個▼薄切り
しょうが、にんにく——各小1片▼みじん切り
唐辛子——1本▼斜め半分に切って種を取る
カレールウ（辛口）——1かけ
ココナツミルク——1/2カップ
植物油——大さじ1　ナンプラー——小さじ1
ごはん——300g

作り方

1 鶏肉に塩、こしょうをふり、小麦粉を薄くまぶす。フライパンに油大さじ1/2を入れて中火で熱し、両面を焼いて取りだす。

2 油大さじ1/2を加え、しょうが、にんにく、玉ねぎ、唐辛子を加えて炒め、玉ねぎがしんなりしたら、かぼちゃを入れて鶏肉をもどす。ココナツミルク、水1カップを入れて、煮立ったら火を止め、カレールウを溶かし、ナンプラーで味を調える。

3 皿にごはんを盛り、**2**を入れる。

Point
ナンプラーの代わりに、しょうゆで味を調えてもおいしい。

1人分
585kcal

たんぱく質	19.1g
カルシウム	35mg
塩分	2.1g

アレンジレシピ
かぼちゃと鶏肉のエスニックカレー

アレンジレシピ

かぼちゃのごま酢和え

材料（2人分）

P58かぼちゃの炊きおき――1/8個の半量
▼いちょう切り
いんげん――4本
▼へた、筋を取って3〜4㎝に切り、ラップで包んで1分加熱
ごま酢（白すりごま――大さじ1、砂糖、しょうゆ、酢――各大さじ1/2）

作り方

ごま酢の材料を合わせ、かぼちゃ、いんげんを加えて和える。

1人分	
102kcal	
たんぱく質	2.2g
カルシウム	79mg
塩分	0.7g

きほんの炊きおき

じゃがいも

皮に切れ目を入れておくと、炊きあがった後、むきやすくなります。さといもでも同じ要領でできます。

材料（2人分×2食分）

米――2合▼洗ってざるにあげる
じゃがいも――3個
▼皮をよく洗って、周囲にくるりと包丁で切れ目を入れる（写真❶）

作り方

1 炊飯器に米と2合の目盛りまで水を注ぎ、じゃがいもをのせ、炊飯する。

2 炊きあがったら、なるべく熱いうちに皮を取って（写真❷）ラップで包む。ごはんはほぐす。

保存方法

ラップに包み、さらに保存袋に入れる。冷蔵3日。冷凍の場合、使いやすい大きさに切ってからラップで包み、保存袋に入れて1か月。

❶

❷

アレンジレシピ

ポテトサラダ

材料（2人分）

P62じゃがいもの炊きおき――1個
▼熱いうちにつぶして、粗熱を取る
ハム――1枚▼1cm角に切る
きゅうり――½本
▼小口切りにして、塩少々をなじませ、水気をしぼる
P122オーロラソース――小さじ2
塩、こしょう――各少々

作り方

じゃがいもにハム、きゅうりを加え、オーロラソースで和え、塩、こしょうで味を調える。

1人分

70kcal	
たんぱく質	1.9g
カルシウム	10mg
塩分	0.6g

アレンジレシピ

じゃがいもの肉巻き焼き

材料（2人分）

P62じゃがいもの炊きおき —— 2個
▼くし形切り
豚しゃぶしゃぶ用肉 —— 150g
しそ —— 5枚▼半分に切る
植物油 —— 大さじ1
Aしょうゆ、みりん、酒 —— 各大さじ1

作り方

1 豚肉を広げて並べ、しそをのせ、じゃがいもをのせて巻く。

2 フライパンに油を入れて中火で熱し、巻き終わりを下にして焼きはじめ、周囲が白っぽくなってきたら、裏返す。ふたをして弱火で蒸し焼きにし、肉に火を通す。

3 ふたを取って水分を飛ばし、**A**を加えてからめる。

1人分

338kcal	
たんぱく質	15.3g
カルシウム	15mg
塩分	1.4g

アレンジレシピ

マッシュポテト

材料（2人分）

P62じゃがいもの炊きおき —— 1個
▼熱いうちにつぶしてなめらかにする
牛乳 —— 大さじ2
粉チーズ —— 小さじ2
こしょう、（あれば）ナツメグ —— 各少々
クラッカー —— 適量

作り方（直径20㎝のフライパン）

フライパンにじゃがいも、牛乳を入れ、混ぜながら中火にかけ、なめらかになったら粉チーズ、こしょう、ナツメグを加えて混ぜる。クラッカーを添える。

1人分
（クラッカーを除く）

58kcal	
たんぱく質	2.2g
カルシウム	45mg
塩分	0.1g

アレンジレシピ

スパニッシュオムレツ

材料（2人分×2食分）

P62じゃがいもの炊きおき —— 1個
▼1.5cm角に切る
卵 —— 4個
粉チーズ —— 大さじ4
粗びきこしょう —— 少々
ソーセージ —— 4本▼小口切り
パセリのみじん切り —— 大さじ1
オリーブ油 —— 大さじ2

作り方（直径20cmのフライパン）

1 卵に粉チーズ、粗びきこしょう、パセリのみじん切りを加えて混ぜる。

2 フライパンにオリーブ油を入れ、中火で熱し、じゃがいも、ソーセージをさっと炒め、**1**を加えて半熟状になるまで、大きくかき混ぜる。

3 ふたをして弱火で7〜8分焼く。途中、ゆすって卵が動くことを確認する。ふたを取って、オムレツをふたに滑らせて出し、フライパンをかぶせて裏返し、2〜3分焼く。食べやすく切り分ける。

保存方法

残りは食べやすく切って、ラップで包んで冷蔵で3日、冷凍で1か月。

きほんの炊きおき

大根と茶飯

下ゆでしたのと同じ状態の大根は、味の染み込みがよく、調理の時短に役立ちます。米の水をお茶に変えてお手軽茶飯に。

材料（2人分×2回分）

米――2合▼洗ってざるにあげる
ほうじ茶――2合の目盛りまで
塩――少々
大根――2.5cm厚さ×4個▼皮を厚めにむき、片面に十字に包丁を入れる（写真❶）

作り方

1 炊飯器に米と2合の目盛りまでほうじ茶を入れ（写真❷）、塩を加えてさっと混ぜ、大根をのせて炊飯する（写真❸）。

2 炊きあがったら、なるべく熱いうちに大根をラップで包む。ごはんはほぐす。

❶
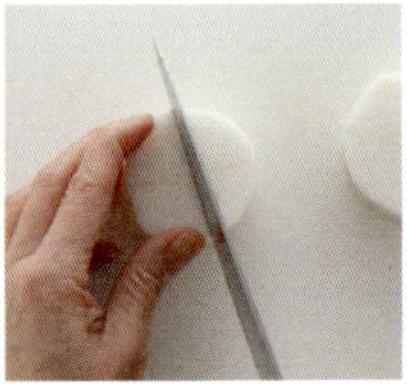

❷

❸

保存方法

大根は、保存容器に入れて、乾燥しないようにラップをかけてからふたをする。冷蔵で3日。茶飯は、1食分ずつラップで包んで、冷凍保存袋に入れ、冷凍1か月。

アレンジレシピ

ふろふき大根

材料（2人分）

P66大根の炊きおき――2切れ
P124田楽みそ――大さじ1
いりごま――少々

作り方

耐熱皿に大根をのせ、田楽みそをぬる。ふんわりとラップをかけて、電子レンジで1分ほど加熱して温める。器に盛り、みそをかけ、ごまをふる。

1人分	
32kcal	
たんぱく質	0.7g
カルシウム	28mg
塩分	0.4g

アレンジレシピ

おでん

1人分（茶飯を除く）

80kcal	
たんぱく質	4.1g
カルシウム	52mg
塩分	1.9g

材料（2人分）

〈おでんつゆ（作りやすい分量）〉

だし汁——750㎖〜1.5ℓ

しょうゆ、みりん——各大さじ2

砂糖——大さじ½

塩——小さじ⅙

おでんつゆ——前述の半量

P66大根の炊きおき——4切れ

ゆで卵——2個

こんにゃく——½枚

▼三角に4等分し、表面に格子状に切れ目を入れ、沸騰した湯で2分ほどゆでる

辛子——適量

作り方（直径20㎝のフライパン）

1 おでんつゆの材料を煮立てる。

2 フライパンに大根、ゆで卵を入れ、かぶるくらいのおでんつゆを入れ、火にかけて煮立ったら、こんにゃくを加え、クッキングシートなどで落としぶたをして、15分ほど煮る。辛子を添える。

保存方法

おでんつゆは、冷蔵で2週間日持ちする。

アレンジレシピ

大根のあんかけ

材料（2人分）

P66大根の炊きおき —— 2個
かにかまぼこ —— 2本▼ほぐして切る
鶏がらスープの素 —— 大さじ½
水溶き片栗粉（片栗粉、水 —— 各小さじ1）

作り方（直径20㎝のフライパン）

1 フライパンに水1½カップ、鶏がらスープの素を入れ、中火にかけ、大根、かにかまぼこを加え、5分ほど煮る。

2 大根を器に取り出し、1に水溶き片栗粉を加えてとろみをつけ、大根にかける。

1人分
32kcal

たんぱく質	1.6g
カルシウム	35mg
塩分	1.3g

アレンジレシピ

茶飯の梅茶漬け

材料（2人分）

P66茶飯の炊きおき —— 1合分（約300g）
梅干し —— 小2個
小ねぎ —— 1本▼小口切り
もみのり —— 適量
だし汁 —— 1½カップ

作り方

茶碗に茶飯を入れ、梅干し、小ねぎをのせ、だし汁を張り、もみのりを散らす。

Point
お茶の味がついている茶飯なので、だしの代わりに湯をかけるだけでも、おいしくいただけます。

1人分	
263kcal	
たんぱく質	4.5g
カルシウム	16mg
塩分	2.3g

主菜と副菜を同時に。炊飯器で超時短！献立クッキング

ごはんの炊きあがりと同時におかずが2品できるワザをご紹介。炊飯器の熱をフル活用すれば、あっという間に食卓がととのいます。

［根菜ごはん］

材料（2人分×2食分）

米 —— 2合▼洗ってざるにあげる
根菜ミックス —— 1袋（90g）
油揚げ —— 1枚▼短冊切り
だし汁 —— 360㎖
A
しょうゆ、みりん、酒 —— 各大さじ1
塩 —— 小さじ¼
小ねぎ —— 2本▼小口切り

［さばの梅みそ煮］

材料（2人分）

さば（3枚卸）—— 2切れ（約150g）
▼皮目に切れ目を入れる
しょうが —— 小1かけ▼せん切り
梅干し（塩分13％）—— 1個
▼果肉をたたく
B
みそ —— 小さじ1
酒、みりん —— 各大さじ1

［なすのお浸し］

材料（2人分）

なす —— 1本
▼縦半分に切って、斜めに切る
ごま油 —— 小さじ1
P121ぽん酢しょうゆ、だし汁 —— 各大さじ½

1人分

根菜ごはん	296kcal
たんぱく質	5.8g
カルシウム	32mg
塩分	1.1g

さばの梅みそ煮	179kcal
たんぱく質	13.8g
カルシウム	11mg
塩分	1.6g

なすのお浸し	27kcal
たんぱく質	0.4g
カルシウム	7mg
塩分	0.4g

作り方

1 炊飯器に米、だし汁、Aを入れさっと混ぜ、根菜ミックス、油揚げを広げてのせる。

2 クッキングシートにさば、しょうが、Bと梅干の果肉をまわしかけ（写真❶）、両端をねじって1にのせる。

3 クッキングシートになすをのせ、ごま油をからめ、両端をねじって1にのせて炊飯する。

4 3にぽん酢しょうゆ、だし汁をかける。ごはんを混ぜ、小ねぎをのせる。

❶

根菜ごはんと
さばの梅みそ煮、
なすのお浸し献立

さつまいもごはんと鶏ひじきつくね、にんじんしりしり献立

［さつまいもごはん］

材料（2人分×2食分）

米——2合▼洗ってざるにあげる
さつまいも——小1本（150g）
▼皮をよく洗ってさいの目に切る
だし汁——360㎖
A ［みりん、酒——各大さじ1
　 塩——小さじ½
ごま塩——少々

［鶏ひじきつくね］

材料（2人分）

〈肉だね〉
鶏ひき肉——150g
芽ひじき——ふたつまみ
片栗粉——小さじ1
おろししょうが——小さじ½
しょうゆ、酒——各小さじ1
辛子じょうゆ——適量
（あれば）しそ——2枚

［にんじんしりしり］

材料（2人分）

にんじん——½本（90g）
▼斜め薄切りにしてからせん切り
ツナ缶（オイル缶）——½缶▼汁をきる
小ねぎ——1本▼小口切り
ごま油——小さじ1
塩——少々

1人分

さつまいもごはん	315kcal
たんぱく質	4.5g
カルシウム	25mg
塩分	1.0g

鶏ひじきつくね	144kcal
たんぱく質	11.5g
カルシウム	19mg
塩分	1.1g

にんじんしりしり	78kcal
たんぱく質	2.8g
カルシウム	13mg
塩分	0.4g

作り方

1 炊飯器に米、だし汁、Aを入れさっと混ぜ、さつまいもを散らす（写真❶）。

2 肉だねの材料をよく混ぜ、クッキングシートにのせ（写真❷）、両端をねじって1にのせる。

3 クッキングシートににんじんをのせ、両端をねじって1にのせ、炊飯する。

4 炊きあがったら、3にツナ、小ねぎ、ごま油、塩を加えて和える。ごはんは混ぜて器に盛り、ごま塩をふる。つくねは切り分けて、辛子じょうゆを添える。

❶

❷

にんじんしりしり
さつまいもごはん
鶏ひじきつくね

カリフラワーごはんと キーマカレー、 ゆで卵献立

[カリフラワーごはん]

材料（2人分×2食分）

米——2合▼洗ってざるにあげる

カリフラワー——200g▼粗くきざむ（写真❶）

顆粒コンソメ——小さじ1

[キーマカレー]

材料（2人分）

合いびき肉——150g

玉ねぎ——1/8個▼みじん切り

おろしにんにくチューブ——2cm

カレールウ（フレーク）——40g（固形なら2かけをきざむ）

トマトジュース——1/2カップ

[ゆで卵]

材料（2人分）

卵——2個▼室温におく

Point

カレーフレークは、固形ルーがフレーク状になったもの。ダマになりにくくさっと使えて重宝。

作り方

1 炊飯器の内釜に米を入れ、2合の目盛りまで水を注ぐ。顆粒コンソメを加えて混ぜ、カリフラワーをまんべんなくのせる。

2 キーマカレーの材料を混ぜ、キャンディ型に両端をねじったクッキングシートに入れて、1にのせる。

3 卵を殻ごとクッキングシートでできるだけしっかり包み、両脇をねじる（写真❷）。2の脇にのせ、炊飯する。

4 炊きあがったら、2と3を取り出す。3はすぐにクッキングシートを外して冷水に取り、殻をむいて半分に切る。ごはんを混ぜ、盛り合わせる。

1人分

カリフラワーごはん	272kcal
たんぱく質	5.1g
カルシウム	16mg
塩分	0.3g

キーマカレー	289kcal
たんぱく質	12.8g
カルシウム	28mg
塩分	2.3g

ゆで卵	71kcal
たんぱく質	5.7g
カルシウム	23mg
塩分	0.2g

❶

❷

キーマカレー
ゆで卵
カリフラワーごはん

コーンごはんと豚こま切れ肉のトマト煮、れんこんのホットサラダ献立

［コーンごはん］

材料（2人分×2食分）

米――2合▼洗ってざるにあげる
とうもろこし――1本▼4等分して、芯と実に分ける（写真❶）
塩――小さじ1

［豚こま切れ肉のトマト煮］

材料（2人分）

豚こま切れ肉――150g
塩――小さじ¼
粗びきこしょう――少々
白ワイン――小さじ2
ミニトマト――6個
▼へたを取って半分に切る
ドライハーブ（タイム、オレガノ、バジルなど）――少々
ピザ用チーズ――20g

［れんこんのホットサラダ］

材料（2人分）

れんこん――100g
▼皮をむいて乱切り
P121フレンチドレッシング――大さじ1
粒マスタード――小さじ1

❶

1人分	
コーンごはん	
290kcal	
たんぱく質	5.0g
カルシウム	5mg
塩分	1.5g
豚こま切れ肉のトマト煮	
230kcal	
たんぱく質	15.5g
カルシウム	68mg
塩分	1.0g
れんこんのホットサラダ	
63kcal	
たんぱく質	0.8g
カルシウム	13mg
塩分	0.6g

作り方

1 炊飯器の内釜に米を入れ、2合の目盛りまで水を注ぎ、塩を加えさっと混ぜる。とうもろこしの実をまんべんなくのせる。

2 豚肉に塩、こしょうをして白ワインをなじませる。クッキングシートにのせてミニトマトとチーズを散らし、ドライハーブをふって両端をねじって1にのせる。

3 クッキングシートにれんこんをのせ両端をねじって、1にのせる。空いているところに、とうもろこしの芯ものせて炊飯する。

4 炊きあがったら、2は全体を混ぜ、3のれんこんにドレッシング、粒マスタードを加えて和える。ごはんはとうもろこしの芯を除いて、全体を混ぜる。

れんこんのホットサラダ
豚こま切れ肉のトマト煮
コーンごはん

お値打ち野菜の作りおき

旬の時期や多めに入手したときに、
手間のかからない下ごしらえだけして保存しておきます。
常備して、手軽に野菜補給を。

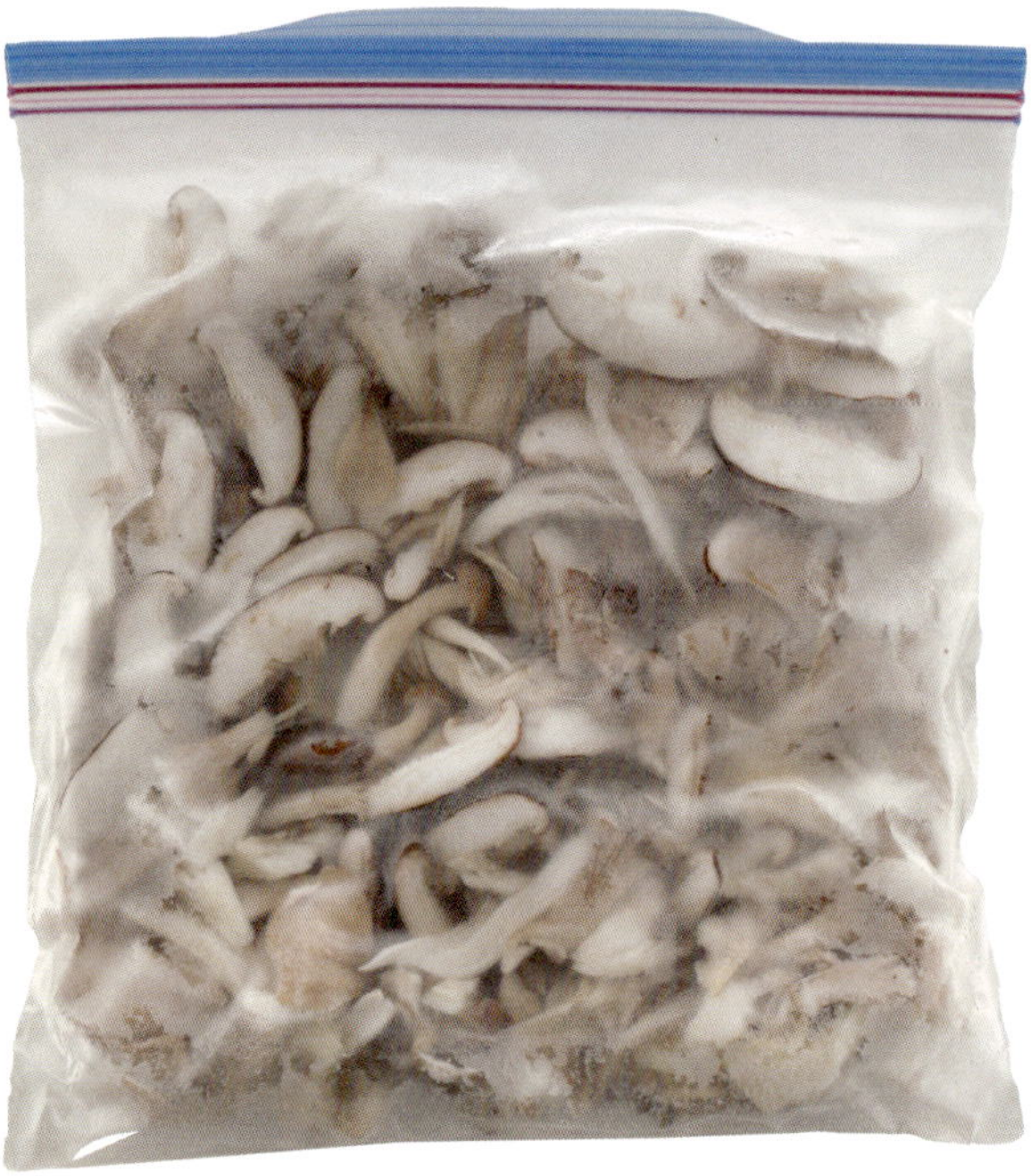

保存方法
冷凍で1か月を目安に使い切る。

きほんのレシピ

冷凍きのこミックス

1種類でも数種類組み合わせても冷凍できます。
使うときも凍ったままでOK。

材料（作りやすい分量）

しめじ —— 1パック
▼石突きを切り落としほぐす
まいたけ —— 1パック
▼ほぐす
しいたけ —— 1パック
▼かさは3㎜の薄切り、軸は縦に割く
※きのこ類は合わせて正味300g

作り方

冷凍保存袋に入れ（写真❶）、できるだけ平らにならす。

❶

アレンジレシピ

きのこそば

材料（2人分）

P78冷凍きのこミックス —— 100g

ゆでそば —— 2玉

▼湯通しして、器に入れる

めんつゆ（3倍濃縮）—— 75㎖

ほうれん草 —— 100g

▼葉と茎を互い違いにして電子レンジで加熱。水に取って冷まし、水気をしぼって食べやすく切る

温泉卵（市販品）—— 2個

作り方

1 めんつゆ、水450㎖を入れて中火にかけ、煮立ったら、凍ったままのきのこを加えて火を通す。

2 そばにかけ、ほうれん草、温泉卵を添える。

1人分	
331kcal	
たんぱく質	14.8g
カルシウム	67mg
塩分	3.3g

※めんつゆ70%可食で計算

アレンジレシピ

きのこのミルクスープ

材料（2人分）

P78冷凍きのこミックス――100g
牛乳――1カップ
顆粒コンソメ――小さじ1
塩、カレー粉――各少々

作り方

鍋に水½カップ、牛乳、コンソメを入れて中火にかけ、煮立ったら凍ったままきのこを加える（写真❶）。煮立ったら、塩で味を調え、器に盛り、カレー粉をふる。

❶

1人分	
81kcal	
たんぱく質	4.1g
カルシウム	118mg
塩分	1.0g

アレンジレシピ

きのことツナの辛子マヨネーズ和え

材料（2人分）

P78冷凍きのこミックス —— 100g▼電子レンジで2分解凍し、水気をきる

ツナ缶（オイル缶）—— 小½缶▼汁をきる

小ねぎ —— 1本▼小口切り

A
- 練りがらし —— 小さじ¼
- マヨネーズ —— 大さじ1
- しょうゆ —— 小さじ½

作り方

Aを合わせ、解凍したきのこ、ツナ、小ねぎを加えて和える。

1人分	
98kcal	
たんぱく質	3.4g
カルシウム	5mg
塩分	0.5g

アレンジレシピ

きのこの粉チーズ炒め

材料（2人分）

P78冷凍きのこミックス —— 100g

P121にんにくオイル —— 大さじ1

粉チーズ —— 大さじ1

塩、粗びきこしょう —— 各少々

（あれば）イタリアンパセリをちぎる —— 少々

作り方

1 フライパンににんにくオイルを入れて弱火にかけ、香りが立ってきたら、凍ったままきのこを加える。塩をふたつまみほどふり、ふたをして蒸し焼きにする。

2 きのこがほぐれるようになったら、ふたを取って水分を飛ばし、粉チーズをふって香ばしく炒め、粗びきこしょう、イタリアンパセリをふる。

1人分	
79kcal	
たんぱく質	2.0g
カルシウム	39mg
塩分	0.4g

きほんのレシピ

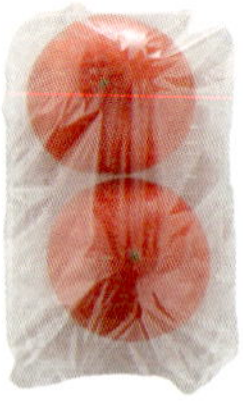

冷凍きざみトマト

さくざく切って、種ごと冷凍します。種からもおいしいだしが出ます。

材料（作りやすい分量）

トマト――２個（約３００ｇ）

▼へたを取ってざく切り（写真❶）

作り方

冷凍保存袋に平らにならして入れる。

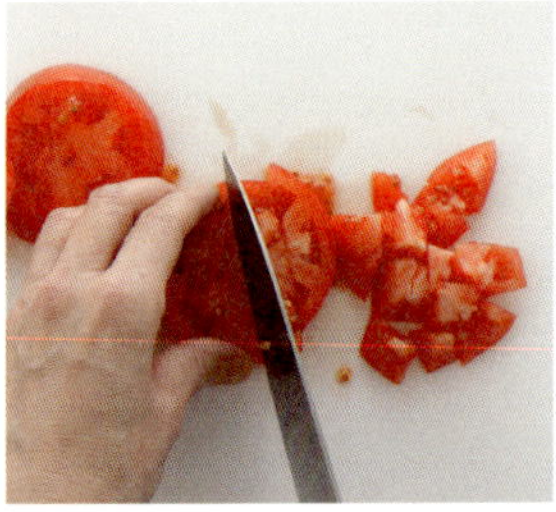

❶

保存方法

冷凍で１か月を目安に使い切る。

アレンジレシピ
冷製トマトパスタ

材料（2人分）

スパゲティ（細めのもの）―― 150g
▼塩を加えた湯で袋の表示通りゆでて、水に取って冷まして水気をきる
P82冷凍きざみトマト ―― 150g
▼半解凍する
モッツァレラチーズ ―― 1個(約100g)
▼さいの目に切る
P121にんにくオイル ―― 大さじ1
塩 ―― 小さじ¼
粗びきこしょう ―― 少々
（あれば）バジル ―― 少々
▼食べやすくちぎる

作り方

1 ボウルに半解凍した冷凍トマト、モッツァレラチーズ、にんにくオイル、塩を合わせ、スパゲティを加えて和える。

2 器に盛り、粗びきこしょうをふり、バジルを散らす。

1人分	
463kcal	
たんぱく質	18.6g
カルシウム	184mg
塩分	2.2g

アレンジレシピ

トマト入りスクランブルエッグ

材料（2人分）

P82冷凍きざみトマト――150g
卵――3個
牛乳――大さじ1
塩、こしょう――各少々
植物油――小さじ1
バター――大さじ1

作り方

1 卵を割りほぐし、牛乳、塩、こしょうを合わせる。

2 フライパンに油、バターを入れて、中火にかけ、バターが溶けかけたら、トマトを凍ったまま入れ、ふたをして蒸し煮する。トマトがほぐれてきたら、ふたを取って強火で炒め、1をまわし入れる。大きくかき混ぜ、半熟状になったら火を止める。皿に盛り、好みでこしょうをかける。

1人分
186kcal

たんぱく質	9.1g
カルシウム	49mg
塩分	0.7g

アレンジレシピ

トマトとさつま揚げのみそ汁

材料（2人分）

P82冷凍きざみトマト
——100g
さつま揚げ（小）——2枚
▼食べやすく切る
だし汁——1と¼カップ
みそ——大さじ1強
七味唐辛子——少々

作り方

1 小鍋にだし汁を入れ、中火で温め、さつま揚げを入れる。

2 煮立ったら凍ったままトマトを加え、ひと煮して、みそを加える。器に盛り、七味唐辛子をふる。

1人分
66kcal

たんぱく質	4.6g
カルシウム	23mg
塩分	2.0g

アレンジレシピ

焼き油揚げのトマトじょうゆ和え

材料（2人分）

P82冷凍きざみトマト
——100g
油揚げ——1枚▼短冊状に切る
しょうゆ——小さじ2
おろししょうが（チューブ可）
——少々

作り方

1 冷凍トマト、しょうゆ、おろししょうがを合わせておく。

2 フライパンを中火で熱し、油揚げの両面をカリッと焼いて1を加え、トマトを崩しながらからめる。

1人分
41kcal

たんぱく質	2.4g
カルシウム	28mg
塩分	0.9g

きほんのレシピ

レンチン・ピーマン

細切りまでしておいて、電子レンジで加熱して冷蔵保存します。

材料（作りやすい分量）

ピーマン――4～5個（約150g）
▼縦半分に切ってたねを取り、縦に細切り

作り方

耐熱容器に入れ、ラップをかけて電子レンジで2分加熱する。蒸らして冷まし、水気をきる。

保存方法

保存容器に入れて冷蔵。3日を目安に使い切る。

1人分
35kcal

たんぱく質	0.7g
カルシウム	20mg
塩分	0.4g

アレンジレシピ
ナムル

材料（2人分）

P86レンチン・ピーマン —— ½量

A
- しょうゆ、ごま油、白すりごま —— 各小さじ1弱
- 砂糖 —— ひとつまみ

作り方

Aを合わせて、ピーマンを加えて和える。

アレンジレシピ

蒸しささみ和え

材料（2人分）

P86レンチン・ピーマン —— ½量

ささみ —— 小1本

▼観音開きにして塩少々、酒小さじ1をふってラップをかけ、600Wの電子レンジで1分30秒加熱

マヨネーズ —— 大さじ1

わさび —— 小さじ½

作り方

ささみの半量を食べやすく割く。ピーマンと合わせてマヨネーズ、わさびで和える。

保存方法

残りのささみはほぐすか、食べやすい大きさに切って、使いやすい分量ずつラップで包む。冷蔵で3日、冷凍で1か月保存可。

1人分	
68kcal	
たんぱく質	3.9g
カルシウム	7mg
塩分	0.5g

アレンジレシピ

梅おかか和え

1人分

14kcal

たんぱく質	1.3g
カルシウム	7mg
塩分	0.7g

材料（2人分）

P86レンチン・ピーマン――½量
梅干し――小1個（13%塩分・果肉10g）▼果肉をたたく
かつお節――小1パック
しょうゆ――少々

作り方

梅干し、かつお節を合わせ、ピーマンを加えて和える。しょうゆで味を調える。

アレンジレシピ

アチャール風

材料（2人分）

P86レンチン・ピーマン――½量
植物油――小さじ1
A レモン汁――小さじ1
　カレー粉、粒マスタード――各小さじ½
　おろししょうが、おろしにんにく――少々
　▼合わせる
塩――小さじ½

作り方

フライパンに油を入れて中火で熱し、ピーマンをさっと炒め、Aと塩を加えて、なじむように炒める。

Point

アチャールはインドの漬物で、酢と香辛料に漬け込みます。ピーマンの代わりになすを使ってもおいしく作れます。

1人分

31kcal

たんぱく質	0.4g
カルシウム	9mg
塩分	0.7g

きほんのレシピ

なすのレンジ蒸し

生のなすは冷蔵庫が苦手。
蒸してから保存するのがおすすめです。

材料（作りやすい分量）

なす ―― 4本
▼縦に切れ目を数本入れる（写真❶）

作り方

ラップでぴったり包んで耐熱皿にのせ（写真❷）、600Wの電子レンジで4分加熱して、そのまま冷ます。

❶

❷

保存方法

ラップに包んだまま、保存容器に入れる。冷蔵で4日を目安に使い切る。

アレンジレシピ
なすとウィンナのナポリタン焼きそば

材料（2人分）

P90なすのレンジ蒸し —— 2本▼縦に割いて長さを半分に切る
ウィンナソーセージ —— 4本▼斜めに切る
焼きそば用蒸し麺 —— 2玉
▼袋の封を切って、電子レンジで2分加熱
P122ケチャップソース —— 大さじ2
ケチャップ —— 大さじ2
オリーブ油 —— 大さじ1
バター —— 小さじ2
粉チーズ —— 大さじ1
（あれば）パセリまたはイタリアンパセリ —— 少々

作り方

1 フライパンにオリーブ油を入れて中火で熱し、ウィンナソーセージを炒めて油がまわったら、なすを加えてさっと炒める。ケチャップソースとケチャップを加え、少し煮詰める。

2 麺をほぐしながら入れ、バターを加え、なじむように炒める。器に盛り、パセリと粉チーズをふる。

Point
やきそばの蒸し麺で作るので、スパゲッティのようにゆでる必要がありません。ケチャップ味もよく合います。

1人分	
503kcal	
たんぱく質	12.1g
カルシウム	40mg
塩分	2.9g

アレンジレシピ

マリネ

材料（2人分）

P90なすのレンジ蒸し —— 2本
▼2㎝の輪切り
ハム —— 2枚▼放射状に8等分に切る
A［P121フレンチドレッシング —— 大さじ1
　粒マスタード —— 小さじ2

作り方

Aを合わせ、なす、ハムを加えて和える。

1人分	
70kcal	
たんぱく質	2.4g
カルシウム	20mg
塩分	0.9g

アレンジレシピ

ザーサイソースかけ

材料（2人分）

P90なすのレンジ蒸し——2本▼縦に割いて、皿にのせる
ザーサイ——10g▼細切りにする
A
- P121ぽん酢しょうゆ——大さじ½
- 砂糖——小さじ¼

いりごま——少々

作り方

Aとザーサイ、いりごまを合わせ、なすにかけ、和えて食べる。

1人分

22kcal	
たんぱく質	0.8g
カルシウム	19mg
塩分	0.7g

アレンジレシピ

ねぎ塩和え

材料（2人分）

P90なすのレンジ蒸し——2本▼長さを3等分する
ねぎ塩※——大さじ2
※ねぎのみじん切り1本分、塩小さじ½、ごま油大さじ2を合わせる

作り方

なすをねぎ塩で和える。

Point

ねぎ塩は和え物や焼き肉などにも合います。冷蔵庫で1週間保存可。

1人分

44kcal	
たんぱく質	0.6g
カルシウム	17mg
塩分	0.4g

きほんのレシピ

冷凍かぶ

葉と茎に分けて、それぞれ冷凍します。

材料（作りやすい分量）

かぶ ―― 4個▼かぶは実と葉に分ける

作り方

実は、皮をむいてくし形に切る（写真❶）。かぶの葉は茎と葉に分けて食べやすく切る（写真❷）。

保存方法

かぶの実、葉、茎、それぞれ保存袋に入れて冷凍で1か月。茎と葉はゆでて冷蔵しても。冷蔵の場合は3日で使い切る。

❶

❷

アレンジレシピ

かぶのマリネ

材料（2人分）

P94冷凍かぶの実 —— 2個分▼半解凍
ミニトマト —— 4個▼半分に切る
P121フレンチドレッシング —— 大さじ2
アンチョビ —— 1切れ▼細かくきざむ

作り方

かぶ、ミニトマトを合わせ、フレンチドレッシングとアンチョビを合わせたものでマリネする。

1人分	
70kcal	
たんぱく質	0.8g
カルシウム	22mg
塩分	1.1g

アレンジレシピ

かぶのミキサーいらずのポタージュ

材料（2人分）

P94冷凍かぶの実 —— 2個分
水、牛乳 —— 各1カップ
顆粒コンソメ —— 小さじ2
粗びきこしょう —— 少々
オリーブ油 —— 適量

作り方

鍋に水、牛乳、コンソメを入れて、中火にかける。煮立ったらかぶを凍ったまま加え、やわらかくなったら、かぶをつぶす。器に盛り、オリーブ油をかけて粗びきこしょうをふる。

1人分
84kcal

たんぱく質	3.7g
カルシウム	133mg
塩分	1.4g

アレンジレシピ

かぶのしらす煮

材料（2人分）

P94冷凍かぶの実 —— 1個分
P94冷凍かぶの葉・茎 —— ½個分
だし汁 —— ¾カップ
しらす干し —— 20g
しょうゆ —— 少々

作り方

フライパンにだし汁を温め、凍ったままのかぶの実、葉、茎を加える。再び煮立ったらしらす干しを加え、ひと煮して、しょうゆで味を調える。

1人分	
22kcal	
たんぱく質	2.5g
カルシウム	61mg
塩分	0.6g

アレンジレシピ

かぶの塩昆布和え

材料（2人分）

P94冷凍かぶの実・葉・茎 —— 2個分▼半解凍
塩昆布 —— 4g
ごま油 —— 小さじ2

作り方

かぶの実、葉、茎を、塩昆布とごま油で和える。

1人分	
60kcal	
たんぱく質	1.4g
カルシウム	110mg
塩分	0.4g

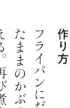

きほんのレシピ

ゆでおき葉もの

小松菜で説明していますが、ほうれん草、白菜、チンゲン菜、春菊も同じ方法でOK。

材料（作りやすい分量）

小松菜 ―― 1束（約200g）

作り方

小松菜は、塩を加えた湯でゆでて（写真❶）、水に取って冷ます。水気をしぼり、3～4cmに切る。

❶

保存方法

保存容器にキッチンペーパーを敷いてから入れる。冷蔵で3日。

アレンジレシピ

牛肉と青菜の炒め物

材料（2人分）

牛切り落とし肉 ―― 150g
P98ゆでおき小松菜 ―― ½束
にんじん ―― ¼本▼細切り
植物油 ―― 大さじ1
P123焼き肉だれ ―― 大さじ2

作り方

1 フライパンに油を入れて熱し、牛肉をほぐしながら加えて炒める。色が変わったらにんじんを加えて炒める。

2 にんじんがしんなりしたら、小松菜を加えて炒め、焼き肉だれを加えてなじむように炒める。

1人分

346kcal	
たんぱく質	12.0g
カルシウム	92mg
塩分	1.1g

アレンジレシピ

菜飯

材料（4食分）

ごはん —— 2合分

P98ゆでおき小松菜 —— ½束▼みじん切り

ごま油、いりごま、塩 —— 各小さじ1

作り方

1 フライパンにごま油を入れて中火で熱し、小松菜を炒める。いりごま、塩を加えて、なじむように炒める。

2 ごはんに1を加えて混ぜる。

保存方法

残りは1食分ずつラップで包んで冷めたら冷凍。1か月保存可。

1人分	
272kcal	
たんぱく質	4.5g
カルシウム	59mg
塩分	1.5g

アレンジレシピ

煮浸し

材料（2人分）

P98ゆでおき小松菜——¼束分
もやし——¼袋
A
［だし汁——½カップ
しょうゆ、みりん
——各大さじ½

作り方（直径20㎝のフライパン）

フライパンにAを入れて、中火にかける。煮立ったらもやしを加え、ふたをして蒸し煮する。もやしに火が通ったら、小松菜を加え、さっと煮る。

1人分	
17kcal	
たんぱく質	1.0g
カルシウム	48mg
塩分	0.8g

アレンジレシピ

すりごま塩和え

材料（2人分）

P98ゆでおき小松菜——½束
塩——小さじ⅕
白すりごま、ごま油
——各小さじ1

作り方

小松菜に塩、すりごまを加え混ぜ、なじんだらごま油を加えて和える。

1人分	
33kcal	
たんぱく質	0.9g
カルシウム	103mg
塩分	0.7g

きほんのレシピ

塩もみセロリ

ひと株で買うとボリュームがあるセロリは、塩もみしておくと重宝します。

材料（作りやすい分量）

セロリ —— 2本（葉も入れて250g）

作り方

セロリは筋を取って斜め薄切りにする（写真❶）。保存袋に入れ、重さの1％の塩を加えてなじませる（写真❷）。

❶

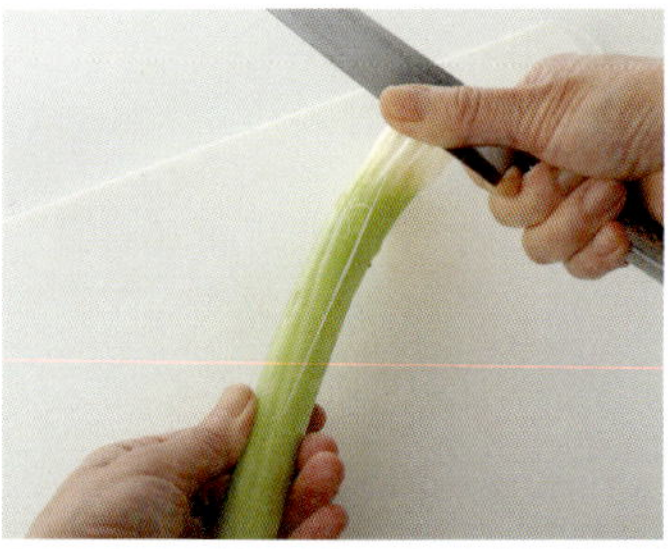

❷

保存方法

冷蔵で3日。もう少し日持ちさせたければ、酢を少々加える。

1人分	
228kcal	
たんぱく質	9.5g
カルシウム	146mg
塩分	1.3g

アレンジレシピ

ピザトースト

材料（2人分）

P102塩もみセロリ――¼量

食パン（6枚切り）――2枚

P122トマトソース――大さじ2

ピザ用チーズ――40g

作り方

パンにトマトソースをのばし、セロリの水気をしぼってのせ、チーズをまんべんなくのせる。トースターでチーズに焼き色がつくまで焼く。

アレンジレシピ

きんぴら

材料（2人分）

P102塩もみセロリ――¼量
竹輪――1本▼棒状に切る
ごま油――小さじ1
A［みりん――小さじ1
　 しょうゆ――小さじ½
七味唐辛子――少々

作り方

フライパンにごま油を入れて中火で熱し、セロリ、竹輪を加えてさっと炒め、Aを加えてなじむように炒める。七味唐辛子をふる。

1人分	
43kcal	
たんぱく質	2.1g
カルシウム	20mg
塩分	0.8g

アレンジレシピ

セロリとわかめの酢の物

材料（2人分）

P102塩もみセロリ——¼量
カットわかめ——2g
▼もどして、水気をきる
P123甘酢しょうが——20g
▼きざむ
P123甘酢——大さじ3～4

作り方

セロリ、わかめ、甘酢しょうがを合わせて甘酢で和える。

1人分	
36kcal	
たんぱく質	0.3g
カルシウム	25mg
塩分	0.9g

アレンジレシピ

スープ

材料（2人分）

P102塩もみセロリ——¼量
しめじ——¼パック▼ほぐす
水——1¾カップ
顆粒コンソメ——小さじ1
卵——1個▼割りほぐす

作り方

水、顆粒コンソメを中火にかけて、煮立ったらセロリ、しめじを加える。再び煮立ったら、卵を少しずつまわし入れ、ふわっとしたら火を止める。器に盛る。

1人分	
46kcal	
たんぱく質	3.3g
カルシウム	24mg
塩分	0.9g

鮭フレーク

多めに作って冷凍常備。食べるときは、凍ったまま温かいごはんに混ぜればそのまま食べられます。

材料(作りやすい分量・できあがり約170g)

生鮭――2切れ(約200g)
塩――小さじ½
酒――大さじ1
みりん、しょうゆ――各小さじ1
白いりごま――大さじ2

作り方

1 耐熱皿に鮭を並べ、塩をふってなじませ、酒をふりラップをかけて電子レンジで3分ほど加熱する。そのまま冷まし、粗熱が取れたら皮と骨を除いて身をほぐす。蒸し汁は取っておく。

2 フライパンに鮭の身と蒸し汁、みりん、しょうゆを入れて中火にかけ、汁気がなくなるまで炒りつけ、ごまを混ぜる。

保存方法

保存容器に入れて冷蔵で4～5日。冷凍の場合は、保存袋に入れて薄く平らにならしてから冷凍すると、必要に応じて折って使える。保存期間は1か月。

全量	
370kcal	
たんぱく質	41.8g
カルシウム	247mg
塩分	4.3g

一品でごはんがすすむ 常備おかず

少しだけ食べたいとき、
料理する気分ではないとき、
これさえあれば、のおかずです。

青菜とちりめんじゃこの佃煮

ちりめんじゃこの塩味が青菜とマッチ。
青菜は手に入りやすいもので。

材料（作りやすい分量・できあがり約160g）

小松菜（かぶの葉や大根の葉でも）——1把（約200g）
ちりめんじゃこ——50g
A みりん——大さじ1
　しょうゆ、酒——各大さじ½
ごま油——大さじ1

作り方

1 小松菜はゆでてみじん切りにして、水気をよくしぼる。

2 フライパンにごま油を入れて中火で熱し、ちりめんじゃこを入れ、パリッとするまで炒める。1の小松菜、Aを加えて汁気がなくなるまで5分ほど炒る。

保存方法

保存容器に入れて、冷蔵で10日ほど。冷凍保存の場合はP106鮭フレークと同様にして1か月。

全量	
250kcal	
たんぱく質	19.2g
カルシウム	535mg
塩分	4.6g

自家製なめたけ

食物繊維たっぷりのきのこ類を手軽に食卓へ。自家製なので、塩分も控えめ。冷凍保存で常備可。

材料（作りやすい分量・できあがり約350g）

なめこ —— 1パック▼さっと水洗いする
えのきたけ —— 小1パック▼石突を切り落とし、1～2cmに切る
しめじ —— 小1パック▼石突を切り落とし、ほぐす
※きのこは合わせて正味300g
しょうが —— 小1かけ▼せん切り
A しょうゆ、みりん、酒 —— 各大さじ1

作り方（直径20cmのフライパン）

材料をフライパンに入れ、中火にかけて、ふつふつするまで混ぜる。ふたをして、弱火で途中ときどき混ぜながら5分ほど煮る。

保存方法

保存容器に入れて冷蔵4～5日。冷凍保存の場合はP106鮭フレークと同様にして1か月。

全量	114kcal
たんぱく質	5.1g
カルシウム	10mg
塩分	2.6g

いんげん鶏そぼろ

みりんでほんのり甘めにしあげます。すりおろししょうがで後口さわやか。

材料（作りやすい分量・できあがり約300g）

鶏ひき肉 —— 250g
いんげん —— 100g▼へた、筋を取って小口切りにする
しょうが —— 小1かけ▼すりおろす
植物油 —— 大さじ1
A しょうゆ、みりん、酒 —— 各大さじ1

作り方

1 フライパンに油を入れ、中火にかけ、鶏ひき肉を加えて、ぽろぽろになるまで炒める。
2 いんげんを加えて、さっと炒め、おろししょうがと**A**を加えて、水分がなくなるまで5分ほど炒る。

保存方法

保存容器に入れて冷蔵4～5日。冷凍保存の場合はP106鮭フレークと同様にして1か月。

全量	596kcal
たんぱく質	39.0g
カルシウム	76mg
塩分	2.9g

自家製なめたけ
いんげん鶏そぼろ

牛肉のしぐれ煮

煮汁を煮立たせてから肉を加えるようにすると固くならずにしあがります。

材料（作りやすい分量・できあがり約200g）

牛切り落とし肉――200g
▼2㎝幅に切る
しょうが――1かけ▼せん切り
A
酒――¼カップ
しょうゆ、砂糖――各大さじ2
みりん――大さじ1

作り方（直径20㎝のフライパン）

1 フライパンにAを入れて煮立て、アルコール分を飛ばす。肉をほぐしながら入れ、しょうがも加える。

2 肉の色が変わったら、さらに5分ほど、煮汁がほとんどなくなるまで煮る。

保存方法

保存容器に入れて冷蔵4～5日。冷凍保存の場合はP106鮭フレークと同様にして1か月。

全量	719kcal
たんぱく質	29.9g
カルシウム	22mg
塩分	5.4g

あさりの佃煮

缶汁にうま味があるので、煮汁に加えて活用します。

材料（作りやすい分量・できあがり約150g）

あさりの水煮――2缶（1缶130g）
▼むき身と汁に分ける
しょうが――1かけ▼せん切り
A
缶の汁――大さじ2
みりん――大さじ1½
しょうゆ――大さじ1
砂糖――小さじ2
サラダ油――小さじ2

作り方

1 鍋に油としょうがを入れて中火で炒め、香りが立ったらあさりのむき身を入れ、さっと炒める。

2 Aを加えて汁気がなくなるまで炒り煮する。

保存方法

保存容器に入れて、冷蔵で1週間ほど。

全量	276kcal
たんぱく質	21.6g
カルシウム	150mg
塩分	3.9g

牛肉のしぐれ煮
あさりの佃煮

おつまみ、軽食＆おやつの作りおき

晩酌にさっと並べられる、小腹がすいたときにつまめる、手軽なレシピをご紹介。

［おつまみ］

蒸し大豆のこしょう炒め

塩レバー

かにかま棒餃子
うずら卵の味玉

蒸し大豆のこしょう炒め

後を引くおいしさ。塩を加えず、にんにくの香りとこしょう味でしあげます。

材料（作りやすい分量・4～6食分）
蒸し大豆 —— 100g
P121にんにくオイル —— 大さじ1
粗びきこしょう —— 少々

作り方
フライパンににんにくオイルを入れ、弱火にかける。香りが立ってきたら、蒸し大豆を加えて香ばしく炒め、粗びきこしょうをふってからめる。

保存方法
保存容器に入れて、冷蔵で4～5日、冷凍で1か月。

全量
293kcal

たんぱく質	15.8g
カルシウム	75mg
塩分	0.6g

塩レバー

そのまま食べても、ごま油やねぎをからめても。炒め物などにも使えます。

材料（作りやすい分量・4～6食分／約200g）
鶏レバー —— 200～300g
（写真は250g）▼ひと口大に切る
塩 —— 適宜

作り方
1 ボウルに鶏レバーを入れ、2～3回水をかえて洗い、水気をきる。
2 1に塩大さじ1を加え（写真❶）、塩がなじんでざらつきがなくなったら、水をひたひたに入れ、10分ほどおき、流水で水が濁らなくなるまで洗って（写真❷❸）、ざるにあげる。
3 鍋に湯を1ℓ沸かし、塩大さじ2を加えて、2を入れ、再び煮立ったら、2分ゆでて、ざるにあげる。

❶

❷

❸

血のかたまりを押し出すようにして洗う。

保存方法
冷蔵で4～5日保存可。

全量
250kcal

たんぱく質	40.3g
カルシウム	13mg
塩分	3.2g

かにかま棒餃子

かにかま1パック使い切りレシピです。
かにかまの食感に、しそとチーズが好相性。

材料（2人分）

餃子の皮――8枚
かにかまぼこ――8本
しそ――8枚
スライスチーズ――2枚▼4等分する
植物油――大さじ1

作り方

1 餃子の皮にしそ、チーズ、かにかまぼこの順にのせ、手前からくるくると巻いて（写真❶）、巻き終わりを水でとめる。

2 フライパンに油を入れて中火で熱し、1の巻き終わりを下にして焼き、色づいたら、裏返してさらに焼く。

保存方法

焼く前に冷凍可。ラップに包んで保存袋に入れて2週間。

❶

1人分	
181kcal	
たんぱく質	9.2g
カルシウム	152mg
塩分	1.3g

うずら卵の味玉

水煮を使って時短で仕上げるひと口味玉です。

材料（作りやすい分量）

うずら卵の水煮――12個
A しょうゆ、みりん、酒、水――各大さじ1
▼耐熱ボウルに入れ、ラップをせずに電子レンジで1分ほど加熱し、粗熱を取る

作り方

保存袋または保存容器にうずら卵を入れ、粗熱が取れたAを加える。袋の場合は空気をぬいて、容器の場合は、漬け汁がかぶるようになじませる。半日以上おく。

保存方法

保存容器に入れて、冷蔵で1週間。

全量	
220kcal	
たんぱく質	12.5g
カルシウム	61mg
塩分	2.4g

※汁の可食70%で計算

［軽食・おやつ］

ごはんのお焼き

卵も入って腹持ちのよい軽食です。小腹がすいたとき用に冷凍常備しても。

材料（2人分×2～3食分）

ごはん――200g
卵――1個
かつお節――小1パック
しょうゆ――大さじ1
小ねぎ――1本▼小口切り
ごま油――大さじ1

作り方

1 卵を割りほぐし、しょうゆ、かつお節、小ねぎを加え混ぜ、ごはんを加えて均一に混ぜ、6等分する。

2 フライパンにごま油を中火で熱し、1を⅙量ずつ丸く広げて入れて焼く。卵が固まってきたら、裏返して、両面を焼く。

保存方法

1枚ずつラップで包んで、冷凍保存袋に入れ、冷凍で1か月保存可。

2枚分	
172kcal	
たんぱく質	4.2g
カルシウム	14mg
塩分	0.9g

みそ玉

お湯をさせば具入りのみそ汁に

みそ大さじ6、顆粒和風だし大さじ½をよく混ぜ合わせ、乾燥野菜10gを加え混ぜる（写真❶）。

乾燥野菜

保存方法

冷凍用保存袋に薄くのばして入れ、菜箸などで6等分に折り目をつけて（写真❷）冷凍する。1か月以内に使い切る。1人分はみそ玉⅙量に対して、熱湯180㎖を加えて溶かす。

❶

❷
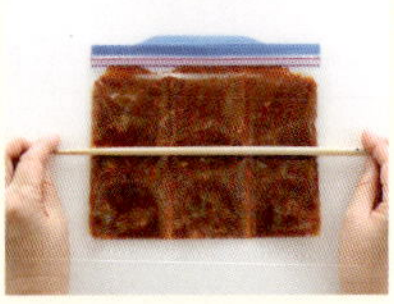

クロックムッシュ

中身が溶け出ないように、具ののせ方にコツがあります。

材料（2人分）

食パン（8枚切り）――2枚
ハム、スライスチーズ――各2枚▼ハムは半分に切る
バター――大さじ2▼電子レンジにかけ、溶かしておく

作り方

1 パンにバターの半量をぬって、1枚にハム、チーズの順にのせて（写真❶❷）、もう1枚のパンを重ねる。

2 フライパンを弱火で温め、残りのバターの半量をのばす。1を入れ、押しつけながら3分ほど焼いて、ヘラなどで持ちあげ、残りのバターを入れ、パンを返して両面を焼く。

❶

❷

チーズは中央を厚めにのせるようにすると、焼いて溶けたときに、パンからはみだしにくい。

保存方法

1切れずつラップで包んで、冷凍保存袋に入れる。冷凍で1か月保存可。

1人分	
264kcal	
たんぱく質	8.2g
カルシウム	107mg
塩分	1.4g

小倉アイス

スプーンで混ぜて作る、ミキサーいらずのレシピです。

材料（作りやすい分量・6〜8食分）

ゆで小豆（加糖タイプ）―― 1缶（210g）

調整豆乳 ―― 1パック（200㎖）

作り方

冷凍できる保存容器に材料を入れ、混ぜて冷凍庫に入れる。固まりかけたら混ぜる。これを2回ほど繰り返す（写真❶）。

保存方法

冷凍で2週間。

❶

全量	
546kcal	
たんぱく質	13.8g
カルシウム	89mg
塩分	0.6g

さつまいもトリュフ

ほのかに甘いおいもで満たされる、罪悪感ナシのスイーツ。

全量	
372kcal	
たんぱく質	3.1g
カルシウム	90mg
塩分	0.2g

材料（作りやすい分量・18個）

さつまいも —— 1本250g
▼厚めに皮をむいて水にさらす
砂糖、牛乳、バター —— 各大さじ1
（あれば）ブランデー —— 少々
ココアパウダー —— 適量

保存方法
冷蔵で3〜4日、冷凍で1か月。

作り方

1 鍋にさつまいもを入れ、かぶるくらいの水を入れて、竹串がすっと刺さるまでゆでる。

2 ゆで湯を捨て、再び火にかけて水分を飛ばし、熱いうちにつぶして、砂糖、牛乳、バター、あればブランデーを加えて混ぜる。

3 2を丸めて、ココアパウダーをつける。

冷凍バナナのスムージー

甘みを足したいと感じたら、はちみつを加えても。

全量	
124kcal	
たんぱく質	4.0g
カルシウム	131mg
塩分	0.1g

材料（2人分）

冷凍バナナ —— 1本分
▼バナナをつぶして板状に冷凍しておく
牛乳 —— 1カップ
サラダほうれん草 —— 1パック

作り方

ミキサーにサラダほうれん草、冷凍バナナを折って加え、牛乳を加えてミキサーにかける。

Point
冷凍バナナは1か月以内に使い切る。凍ったまま食べてもよいし、ヨーグルトに入れてもおいしい。

万能調味料の作りおき

おなじみ調味料を掛け合わせるだけで用意できます。
料理にかけるだけでなく、
漬けるときにも炒めるときにも活躍します。

すし酢

P28

甘さを加減するなら砂糖大さじ3に。

材料（できあがり約1カップ）

酢、昆布だし —— 各大さじ6
砂糖 —— 大さじ4
塩 —— 小さじ1

作り方

すべての材料を小鍋で煮立たせて冷まし、清潔な保存容器に移す。

保存方法

冷蔵で1か月保存。

全量	167kcal
たんぱく質	0.2g
カルシウム	6mg
塩分	6.2g

フレンチドレッシング

P49
P58
P76
P92
P95

分離するので振って使える保存瓶を使います。油の半量をオリーブ油以外の植物油にすると固まりにくくなります。

全量	417kcal
たんぱく質	0.0g
カルシウム	2mg
塩分	3.0g

材料（作りやすい分量）

酢（穀物酢、白ワインビネガーなどを合わせてもよい）——1/6カップ
植物油、オリーブ油——各1/8カップ
塩、砂糖——各小さじ1/2
こしょう——少々

作り方

酢に塩、砂糖、こしょうを加えて混ぜ、溶けたらオリーブ油を加えて撹拌する。

保存方法
冷蔵で1週間〜10日。

Point
粒マスタード、きざんだアンチョビーやオリーブ、すりおろした玉ねぎやにんじんなどを加えてアレンジしても。

にんにくオイル

P81
P83
P114

パスタソース、肉や魚のソテーなどに。

全量	843kcal
たんぱく質	1.2g
カルシウム	4mg
塩分	0.0g

材料（作りやすい分量）

にんにく——5かけ（約30g）
▼横に薄切りにして芯を取る
オリーブ油——1/2カップ

作り方

清潔な保存瓶ににんにくを入れ、オリーブ油を注ぐ。

保存方法
常温で1か月。

ぽん酢しょうゆ

P13
P25
P43
P47
P70
P93

ゆずやレモン、かぼすなど好みの柑橘で。

全量	165kcal
たんぱく質	4.6g
カルシウム	29mg
塩分	10.4g

材料（作りやすい分量・1カップ弱）

しょうゆ、酢——各大さじ4
みりん、柑橘果汁——各大さじ2

作り方

小鍋に材料を入れて、中火にかけ、煮きって冷まし、保存容器に移す。

保存方法
冷蔵で1か月。

オーロラソース

P62

ムニエル、サラダ、揚げ物などに。

材料（作りやすい分量）

マヨネーズ、ケチャップ——各大さじ1

作り方

材料を合わせて混ぜる。

保存方法 冷蔵で3日。

全量	99kcal
たんぱく質	0.5g
カルシウム	5mg
塩分	0.8g

トマトソース

P103

パスタだけでなく、ピザソースにも。

材料（作りやすい分量）

トマト水煮缶（ホール）——1缶（400g）▼フォークなどでつぶす
にんにく——1かけ▼みじん切り
バジル——2〜3枚
塩——小さじ½
オリーブ油——大さじ2
（あれば）ドライハーブ（ドライタイム、オレガノ、バジルなど）——少々

作り方

1 フライパンにオリーブ油、にんにくを入れて弱火にかけ、にんにくが薄く色づくまで炒める。

2 トマト缶、バジル、塩、ドライハーブを入れ、混ぜながら中火にかけ、ふつふつしてきたら、火を弱めて、5分ほど煮る。

保存方法 冷蔵で3〜4日、冷凍で1か月。冷凍保存袋に入れ、平たくすると使いやすい。

全量	306kcal
たんぱく質	3.8g
カルシウム	44mg
塩分	3.0g

ケチャップソース

P41
P91

カレー粉やおろしにんにく、粒マスタードなどを加えても。

材料（作りやすい分量）

トマトケチャップ、ウスターソース——各大さじ2

作り方

材料を合わせて混ぜる。

保存方法 冷蔵で1週間。

全量	80kcal
たんぱく質	0.7g
カルシウム	27mg
塩分	4.2g

甘酢しょうが

P29
P105

きざんで酢の物や酢飯に。

材料（作りやすい分量）

新しょうが —— 250〜300g
塩 —— 小さじ½
〈甘酢〉
昆布だし —— 180㎖
酢 —— 120㎖
砂糖 —— 大さじ5
塩 —— 小さじ½

作り方

1 甘酢の材料を合わせて、ひと煮立ちさせて冷ます。

2 しょうがは皮をこそげ、薄切りにして沸騰した湯で2分ほどゆでる。ざるにあげて水気をしっかりきって広げ、塩小さじ½をまんべんなくなじませ、そのまま冷ます。

3 2の水気をよくしぼって、清潔な保存瓶に入れ、1を注いで、なじませる。

保存方法 冷蔵庫で3か月ほど保存可。

焼き肉だれ

P99

牛、豚、鶏、何にでも合います。

材料（作りやすい分量）

しょうゆ、白すりごま —— 各大さじ2
酒、ごま油 —— 各大さじ1⅓
砂糖 —— 大さじ1
おろしにんにく —— 小さじ½
こしょう —— 少々

作り方

材料をすべて合わせて混ぜる。

保存方法 冷蔵で1週間。

香味だれ

P51

蒸し鶏、ゆで豚、焼き肉、蒸し魚などに。

材料（作りやすい分量）

ねぎのみじん切り —— ⅓本分
しょうがのみじん切り —— 3かけ分
おろしにんにく —— チューブ少々
しょうゆ —— 大さじ4
酒 —— 大さじ2
ごま油 —— 大さじ1½

作り方

材料をすべて合わせて混ぜる。

保存方法 冷蔵で1週間。

香味だれ 全量	301kcal
たんぱく質	5.8g
カルシウム	84mg
塩分	10.5g

焼き肉だれ 全量	341kcal
たんぱく質	5.9g
カルシウム	228mg
塩分	5.4g

甘酢しょうが 全量	283kcal
たんぱく質	2.1g
カルシウム	39mg
塩分	4.8g

オイマヨソース

P49
P59

炒めものや和えものの味つけにも。

材料（作りやすい分量）

オイスターソース、マヨネーズ —— 各大さじ1

作り方

材料を合わせて混ぜる。

保存方法 冷蔵で3日。

全量	99kcal
たんぱく質	1.4g
カルシウム	7mg
塩分	2.3g

オイマヨソース

田楽みそ

ヨーグルトみそ

田楽みそ

P66

ふろふき大根、焼きおにぎりに。

材料（作りやすい分量）

みそ、砂糖 —— 各大さじ3

酒、みりん —— 各大さじ2

作り方

フライパンに材料を入れ、均一に混ぜたら、中火にかけ、ふつふつとしてきたら、火を弱め、混ぜながら、ぽってりとするまで煮詰める。煮詰めすぎると固くなるので注意。

保存方法 冷蔵で2週間。

全量	250kcal
たんぱく質	6.2g
カルシウム	56mg
塩分	6.7g

ヨーグルトみそ

P48

野菜のディップに。

ヨーグルトでのばして減塩に。

材料（作りやすい分量）

ヨーグルト（プレーン）、みそ —— 各大さじ1

作り方

材料をすべて合わせて混ぜる。

保存方法 冷蔵で3日。ラップにスプーンで少量のばし、肉をのせて包んで漬け床として使っても。

Point

この分量で魚の切り身、豚ソテー用肉2枚、鶏もも肉1枚、きゅうり2本などのいずれかを漬けおきできます。

全量	41kcal
たんぱく質	2.5g
カルシウム	36mg
塩分	2.2g

食材別さくいん

肉

●牛肉
牛肉と青菜の炒め物 …… 99
牛肉とごぼうの塩麹漬け …… 18
牛肉とごぼうの卵とじ …… 19
牛肉とごぼうの炊き込みごはん …… 21
牛肉とごぼうのトマト煮 …… 20
牛肉とごぼうのレンチン蒸し …… 21
牛肉のしぐれ煮 …… 110

●豚肉
雲片肉 …… 51
韓国風ピカタ …… 13
サムギョプサル …… 53
じゃがいもの肉巻き焼き …… 63
スープカレー …… 12
酢豚 …… 52
チャーハン …… 53
豚かたまり肉の炊きおき …… 50
豚こま切れ肉と
季節野菜の揚げ浸し …… 43
豚こま切れ肉と玉ねぎの
マヨしょうゆ漬け …… 10
豚こま切れ肉のトマト煮 …… 76
フライパン豚汁 …… 42
焼きそば …… 13
焼き肉巻き …… 11
ワンパンシューマイ …… 38

●鶏肉
いんげん鶏そぼろ …… 108
かぼちゃと鶏肉の
エスニックカレー …… 60
塩レバー …… 114
しっとりチキンのサンドイッチ …… 49
チキントマトライス …… 37
鶏と水菜のオイマヨサラダ …… 49
鶏肉とにんじんの甘辛煮 …… 55
鶏肉とねぎと長芋の梅みそ煮 …… 17
鶏肉とねぎの梅みそ味の焼きうどん 15
鶏肉とねぎの梅みそ漬け …… 14
鶏肉とねぎの
梅みそ豆腐チャンプルー …… 16
鶏肉とねぎの
梅みそ蒸しみぞれ和え …… 17
鶏肉と白菜、春雨のうま煮 …… 34
鶏のヨーグルトみそだれ …… 48
鶏ひじきつくね …… 72
鶏むね肉の炊きおき …… 46
蒸しささみ和え …… 88
和風カオマンガイ …… 47

●合いびき肉
キーマカレー …… 74
ワンパンミートローフ …… 40

肉加工品

●ソーセージ
スパニッシュオムレツ …… 65
なすとウィンナの
ナポリタン焼きそば …… 91

●ハム
クロックムッシュ …… 117
ポテトサラダ …… 62
マリネ …… 92

魚介類

●金目鯛
魚のあらでパエリア …… 45

●鮭
かぼちゃと鮭のオイマヨ焼き …… 59
鮭のオイル漬け …… 22
鮭のカレームニエル …… 25
鮭のホイル焼き …… 25
鮭のポトフ …… 24
鮭のレモンクリームパスタ …… 23
鮭フレーク …… 106

●さば
さばの梅みそ煮 …… 70
さばの混ぜ寿司 …… 28
さばのみそ煮 …… 29
さばのゆずこしょうから揚げ …… 27
さばのゆずこしょう漬け …… 26
さばの利休焼き …… 29

●まぐろ
ポキ丼 …… 31
まぐろのガーリックステーキ …… 32
まぐろの漬け …… 30
まぐろの漬けと納豆の
ぶっかけうどん …… 33
まぐろの漬けのしそ巻き揚げ …… 33

●ぶり
あら大根 …… 44

魚介加工品

●あさり（水煮）
あさりの佃煮 …… 110

●アンチョビ
かぶのマリネ …… 95

●かつお節
梅おかか和え …… 89
ごはんのお焼き …… 116
鶏肉とねぎの
梅みそ豆腐チャンプルー …… 16
にんじんポタージュ …… 54

●かにかまぼこ
かにかま棒餃子 …… 115
大根のあんかけ …… 68

●さつま揚げ
トマトとさつま揚げのみそ汁 …… 85

●しらす干し
かぶのしらす煮 …… 97

●竹輪
きんぴら …… 104

●ちりめんじゃこ
青菜とちりめんじゃこの佃煮 …… 107

●ツナ缶
かぼちゃのデリ風サラダ …… 58
きのことツナの
辛子マヨネーズ和え …… 81
にんじんしりしり …… 72

●冷凍シーフードミックス
魚のあらでパエリア …… 45

海藻類

●塩昆布
かぶの塩昆布和え …… 97

●芽ひじき
鶏ひじきつくね …… 72

●のり
茶飯の梅茶漬け …… 69
まぐろの漬けと納豆の
ぶっかけうどん …… 33

●わかめ
セロリとわかめの酢の物 …… 105

卵・豆・大豆食品

●油揚げ
根菜ごはん …… 70
焼き油揚げのトマトじょうゆ和え …… 85

●うずら卵（水煮）
うずら卵の味玉 …… 115

●卵
おでん …… 67
韓国風ピカタ …… 13
きのこそば …… 79
牛肉とごぼうの卵とじ …… 19
ごはんのお焼き …… 116
スープ …… 105
スパニッシュオムレツ …… 65
チャーハン …… 53
トマト入りスクランブルエッグ …… 84
ゆで卵 …… 74
ワンパンミートローフ …… 40

●豆乳
小倉アイス …… 118
にんじんポタージュ …… 54

●豆腐
鶏肉とねぎの
梅みそ豆腐チャンプルー …… 16

●納豆
まぐろの漬けと納豆の
ぶっかけうどん …… 33

●蒸し大豆
蒸し大豆のこしょう炒め …… 114

キーマカレー …… 74
魚のあらでパエリア …… 45
スープカレー …… 12
チキントマトライス …… 37
豚こま切れ肉と玉ねぎの
マヨしょうゆ漬け …… 10
焼きそば …… 13
焼き肉巻き …… 11
ワンパンシューマイ …… 38
ワンパンミートローフ …… 40
●とうもろこし
コーンごはん …… 76
●トマト
魚のあらでパエリア …… 45
トマト入りスクランブルエッグ …… 84
トマトとさつま揚げのみそ汁 …… 85
鶏のヨーグルトみそだれ …… 48
焼き油揚げのトマトじょうゆ和え …… 85
冷製トマトパスタ …… 83
冷凍きざみトマト …… 82
●ミニトマト
かぶのマリネ …… 95
豚こま切れ肉のトマト煮 …… 76
まぐろのガーリックステーキ …… 32
●長芋
鶏肉とねぎと長芋の梅みそ煮 …… 17
●なす
ザーサイソースかけ …… 93
なすとウィンナの
ナポリタン焼きそば …… 91
なすのお浸し …… 70
なすのレンジ蒸し …… 90
ねぎ塩和え …… 93
豚こま切れ肉と
季節野菜の揚げ浸し …… 43
マリネ …… 92
●にら
チャーハン …… 53
焼きそば …… 13
●にんじん
牛肉と青菜の炒め物 …… 99
コンソメグラッセ …… 56
鮭のポトフ …… 24
鶏肉とにんじんの甘辛煮 …… 55
にんじんジャム …… 57
にんじんしりしり …… 72
にんじんの炊きおき …… 54
にんじんポタージュ …… 54
フライパン豚汁 …… 42
ワンパンミートローフ …… 40
●にんにく
アチャール風 …… 89
かぼちゃと鶏肉のエスニックカレー 60
魚のあらでパエリア …… 45
鮭のオイル漬け …… 22
鮭のカレームニエル …… 25
●ししとう
さばのゆずこしょうから揚げ …… 27
●しそ
かにかま棒餃子 …… 115
さばの利休焼き …… 29
じゃがいもの肉巻き焼き …… 63
鶏肉とねぎと長芋の梅みそ煮 …… 17
まぐろの漬けのしそ巻き揚げ …… 33
●じゃがいも
鮭のポトフ …… 24
じゃがいもの炊きおき …… 62
じゃがいもの肉巻き焼き …… 63
スパニッシュオムレツ …… 65
フライパン豚汁 …… 42
ポテトサラダ …… 62
マッシュポテト …… 64
●しょうが
あさりの佃煮 …… 110
アチャール風 …… 89
いんげん鶏そぼろ …… 108
かぼちゃと鶏肉の
エスニックカレー …… 60
牛肉とごぼうのレンチン蒸し …… 21
牛肉のしぐれ煮 …… 110
香味だれ …… 123
さばの梅みそ煮 …… 70
さばの混ぜ寿司 …… 28
さばのみそ煮 …… 29
自家製なめたけ …… 108
鶏ひじきつくね …… 72
焼き油揚げのトマトじょうゆ和え …… 85
和風カオマンガイ …… 47
ワンパンシューマイ …… 38
●しょうが（新しょうが）
甘酢しょうが …… 123
さばの利休焼き …… 29
セロリとわかめの酢の物 …… 105
●セロリ
きんぴら …… 104
魚のあらでパエリア …… 45
塩もみセロリ …… 102
スープ …… 105
セロリとわかめの酢の物 …… 105
ピザトースト …… 103
●大根
あら大根 …… 44
おでん …… 67
大根のあんかけ …… 68
大根の炊きおきと茶飯 …… 66
鶏肉とねぎの
梅みそ蒸しみぞれ和え …… 17
フライパン豚汁 …… 42
ふろふき大根 …… 66
●玉ねぎ
かぼちゃと鶏肉のエスニックカレー 60
韓国風ピカタ …… 13
●ゆで小豆
小豆アイス …… 118

野菜

●アボカド
ポキ丼 …… 31
●いんげん
いんげん鶏そぼろ …… 108
かぼちゃのごま酢和え …… 61
牛肉とごぼうのレンチン蒸し …… 21
●おくら
スープカレー …… 12
まぐろの漬けと納豆の
ぶっかけうどん …… 33
●貝割れ菜
ポキ丼 …… 31
和風カオマンガイ …… 47
●かぶ
かぶの塩昆布和え …… 97
かぶのしらす煮 …… 97
かぶのマリネ …… 95
かぶのミキサーいらずの
ポタージュ …… 96
冷凍かぶ …… 94
●かぼちゃ
かぼちゃと鮭のオイマヨ焼き …… 59
かぼちゃのごま酢和え …… 61
かぼちゃの炊きおき …… 58
かぼちゃのデリ風サラダ …… 58
かぼちゃと鶏肉の
エスニックカレー …… 60
●カリフラワー
カリフラワーごはん …… 74
●きゅうり
雲片肉 …… 51
ポテトサラダ …… 62
●ごぼう
牛肉とごぼうの塩麹漬け …… 18
牛肉とごぼうの炊き込みごはん …… 21
牛肉とごぼうの卵とじ …… 19
牛肉とごぼうのトマト煮 …… 20
牛肉とごぼうのレンチン蒸し …… 21
フライパン豚汁 …… 42
●小松菜
青菜とちりめんじゃこの佃煮 …… 107
牛肉と青菜の炒め物 …… 99
すりごま塩和え …… 101
鶏肉とねぎの
梅みそ豆腐チャンプルー …… 16
菜飯 …… 100
煮浸し …… 101
ゆでおき葉もの …… 98
●さつまいも
さつまいもごはん …… 72
さつまいもトリュフ …… 119

●なめこ
自家製なめたけ……108
●まいたけ
きのこそば……79
きのことツナの
辛子マヨネーズ和え……81
きのこの粉チーズ炒め……81
きのこのミルクスープ……80
鮭のホイル焼き……25
冷凍きのこミックス……78
●マッシュルーム(水煮)
チキントマトライス……37

乳製品

●牛乳
かぶのミキサーいらずの
ポタージュ……96
きのこのミルクスープ……80
さつまいもトリュフ……119
トマト入りスクランブルエッグ……84
マッシュポテト……64
冷凍バナナのスムージー……119
●粉チーズ
きのこの粉チーズ炒め……81
スパニッシュオムレツ……65
なすとウィンナの
ナポリタン焼きそば……91
マッシュポテト……64
●チーズ
かにかま棒餃子……115
クロックムッシュ……117
豚こま切れ肉のトマト煮……76
ピザトースト……103
冷製トマトパスタ……83
●生クリーム
鮭のレモンクリームパスタ……23
●ヨーグルト
鶏のヨーグルトみそだれ……48
ヨーグルトみそ……124

その他

●餃子の皮
かにかま棒餃子……115
●ココアパウダー
さつまいもトリュフ……119
●ココナツミルク
かぼちゃと鶏肉の
エスニックカレー……60
●シューマイの皮
ワンパンシューマイ……38
●春雨
鶏肉と白菜、春雨のうま煮……34
●ほうじ茶
大根と茶飯……66
茶飯の梅茶漬け……69
●サラダほうれん草
冷凍バナナのスムージー……119
●水菜
牛肉とごぼうの卵とじ……19
鶏と水菜のオイマヨサラダ……49
●三つ葉
牛肉とごぼうの炊き込みごはん……21
●みょうが
さばの混ぜ寿司……28
●もやし
煮浸し……101
●れんこん
れんこんのホットサラダ……76

野菜加工品

●乾燥野菜
みそ玉……116
●根菜ミックス
根菜ごはん……70
●こんにゃく
おでん……67
●せん切りキャベツミックス
しっとりチキンのサンドイッチ……49
●トマト水煮缶
牛肉とごぼうのトマト煮……20
トマトソース……122
●トマトジュース
キーマカレー……74

果物・果物加工品

●バナナ
冷凍バナナのスムージー……119
●レーズン
かぼちゃのデリ風サラダ……58

きのこ

●えのきたけ
自家製なめたけ……108
●しいたけ
きのこそば……79
きのことツナの
辛子マヨネーズ和え……81
きのこの粉チーズ炒め……81
きのこのミルクスープ……80
冷凍きのこミックス……78
●しめじ
きのこそば……79
きのことツナの
辛子マヨネーズ和え……81
きのこの粉チーズ炒め……81
きのこのミルクスープ……80
自家製なめたけ……108
スープ……105
フライパン豚汁……42
冷凍きのこミックス……78
鮭のホイル焼き……25
鮭のポトフ……24
鮭のレモンクリームパスタ……23
サムギョプサル……53
トマトソース……122
にんにくオイル……121
まぐろのガーリックステーキ……32
焼き肉だれ……123
●ねぎ
香味だれ……123
酢豚……52
鶏肉とねぎと長芋の梅みそ煮……17
鶏肉とねぎの梅みそ味の焼きうどん 15
鶏肉とねぎの梅みそ漬け……14
鶏肉とねぎの
梅みそ豆腐チャンプルー……16
鶏肉とねぎの
梅みそ蒸しみぞれ和え……17
ねぎ塩和え……93
●ねぎ(小ねぎ)
きのことツナの
辛子マヨネーズ和え……81
ごはんのお焼き……116
根菜ごはん……70
さばの混ぜ寿司……28
茶飯の梅茶漬け……69
鶏肉とにんじんの甘辛煮……55
にんじんしりしり……72
フライパン豚汁……42
●白菜
鶏肉と白菜、春雨のうま煮……34
●バジル
トマトソース……122
●パセリ
かぼちゃのデリ風サラダ……58
スパニッシュオムレツ……65
チキントマトライス……37
●パプリカ
鮭のホイル焼き……25
豚こま切れ肉と季節野菜の
揚げ浸し……43
●ピーマン
アチャール風……89
梅おかか和え……89
魚のあらでパエリア……45
鶏肉とねぎの梅みそ味の焼きうどん 15
ナムル……87
蒸しささみ和え……88
レンチン・ピーマン……86
●カラーピーマン
酢豚……52
●ブロッコリー
鮭のレモンクリームパスタ……23
●ほうれん草
きのこそば……79
鮭のカレームニエル……25

●著者

牧野直子（まきのなおこ）

管理栄養士、料理研究家、ダイエットコーディネーター。有限会社スタジオ食(Coo)代表。女子栄養大学卒業。現在は、レシピ提案、料理制作、原稿執筆、料理教室、講演、メディアでの出演、保健センターでの栄養相談など、多方面で活躍中。著書多数。

●調理補助

スタジオ食　徳丸美沙

● Staff

装丁・本文デザイン　鷹觜麻衣子
撮影　田邊美樹
スタイリング　片野坂圭子
リライト・校正　高橋美加子
編集　株式会社 KANADEL

70歳からの美味しい、頼れる作りおき

著　者　牧野直子
発行者　深見公子
発行所　成美堂出版
　　　　〒162-8445　東京都新宿区新小川町1-7
　　　　電話(03)5206-8151　FAX(03)5206-8159
印　刷　大日本印刷株式会社

©SEIBIDO SHUPPAN 2025　PRINTED IN JAPAN
ISBN978-4-415-33557-5

落丁・乱丁などの不良本はお取り替えします
定価はカバーに表示してあります

• 本書および本書の付属物を無断で複写、複製(コピー)、引用することは著作権法上での例外を除き禁じられています。また代行業者等の第三者に依頼してスキャンやデジタル化することは、たとえ個人や家庭内の利用であっても一切認められておりません。